Der Jesus, den du nie gekannt hast

Sunday Adelaja

1. Ausgabe

MIX
Papier aus verantwortungsvollen Quellen
Paper from responsible sources
FSC® C105338

Jesus wünschte, nachdem er zum Vater in den Himmel aufgestiegen war, nichts so sehr, als dass diejenigen, die auf der Erde zurückgeblieben sind, die Werke wiederholen und vervielfältigen, die Er getan hat. Das ist jedoch nur dann möglich, wenn jeder Christ Jesus persönlich kennenlernt.
Dieses Buch ist ein Schlüssel dazu, Jesus kennenzulernen und die Werke Gottes zu tun.

Ich glaube, dass dieses Buch zu einem Handbuch für jeden Gläubigen werden sollte.

Ich widme dieses Buch Dr. T. L. Osborn,
der Mann, durch den Gott mir Jesus Christus
noch weiter offenbart hat.

Coverbild:

St. Laurentius Kirche

Wismar *Unesco Welterbe Stadt*

Bibliografische Information der Deutschen Nationalbibliothek:
Die Deutsche Nationalbibliothek *verzeichnet diese Publikation in der
Deutschen Nationalbibliografie; detaillierte bibliografische Daten sind im
Internet über* http://dnb.dnb.de *abrufbar.*

© 2014 Sunday Adelaja

Illustration: **Salome Ballentin**
Übersetzung: **Gudrun Wessels**
weitere Mitwirkende: **ap&p Wismar, Germany**

Herstellung und Verlag: **BoD** *– Books on Demand, Norderstedt*

ISBN: 978-3-**7357-2056-6**

Vorwort des Autors	7
Jesus an deiner Stelle	9
Die beiden Namen Christi	17
Der Jesus, der starb und auferstand	26
Offenbare das Reich Gottes	34
Sich an Jesus ärgern	42
Wozu der christliche Glaube?	49
Das falsche Verständnis von Christus	63
Der Jesus, den du nie gekannt hast	69
Glaube an Jesus	78
Jesu Tod in unserem Leib	86
Anhang	96
Pastor Sunday Adelaja und die Embassy of God	98
Botschaft Gottes	100
Internationaler Einfluss ☛	100
weitere Bücher	103
www.godembassy.com	106

Vorwort des Autors

Man kann gerettet sein und als Christ leben, und dennoch Jesus nicht persönlich kennen - als Person, als Freund und Helfer, der uns durchs Leben begleitet. Wenn wir umkehren und zu Gott kommen, ist das erst der Beginn des Prozesses, Gott, Seinen Willen und Seine Bestimmung für uns kennenzulernen. Dieser Prozess, Gott kennenzulernen, lässt uns in Christus wachsen und nicht nur einfach mit Jesus bekannt werden. Er ist der einzige Schlüssel, um die Werke tun zu können, die Er getan hat.

Wahrlich, wahrlich, ich sage euch: Wer an mich glaubt, der wird auch die Werke tun, die ich tue, und wird größere als diese tun, weil ich zum Vater gehe.

Und was ihr bitten werdet in meinem Namen, das werde ich tun, damit der Vater verherrlicht werde im Sohn.

Wenn ihr mich etwas bitten werdet in meinem Namen, so werde ich es tun.

Johannes 14:12-14

Es ist der Wunsch Gottes und auch der Traum Jesu, dass jene, die auf der Erde zurückgeblieben sind, nachdem Er sie verlassen hat, Seine Werke wiederholen und vervielfachen.

Seine Werke zu wiederholen und zu vervielfachen ist etwas, das nicht einfach so geschieht, nachdem sich ein Mensch dazu entschieden hat. Es ist ein langer Prozess der Entwicklung, eine weite Reise, auf die sich ein jeder begeben muss, der die Herrlichkeit Jesu offenbaren möchte.

Auch ich gehe noch immer durch diesen Prozess – denn das ist der Weg, um zu einem Sohn Gottes zu werden. Die Söhne Gottes werden vom Geist Gottes geleitet, während Kinder ihren Beschützern unterstehen.

Ich habe mich entschieden, dieses Buch zu schreiben, denn in meinem Leben gab es eine Zeit, in der ich Jesus nicht persönlich kannte. Nicht nur nachdem ich gerade zum Glauben gekommen war, auch später, als ich bereits ein Prediger des Evangeliums war, konnte ich nicht behaupten, Jesus persönlich zu kennen. Erst nachdem sich Jesus mir in neuer Weise offenbart hatte, gab es große Veränderungen in meinem Leben – mein Leben wurde leicht und siegreich. Mein Gebetsleben veränderte sich und wurde immer effektiver. Ich bin ständig in der Gegenwart des Sohnes Gottes. Heute ist die Vorherrschaft des Heiligen Geistes für mich das Wichtigste im Leben. In einem solchen Leben wird das Fleisch besiegt.

Mein Wunsch ist, dass auch dir dieses Buch hilft, das zu empfangen, was ich empfangen habe, nachdem ich diese neue Offenbarung Jesu erhielt. Dein Leben wird siegreich sein. Und du wirst die Werke Jesu tun können, Seine Zeichen und Wunder.

Wir leben im dritten Jahrtausend, der Zeit, in der sich Jesus durch Menschen offenbaren möchte, damit ein jeder sagen kann: „Wieder einmal kommen die zu uns, die diese Erde aufwühlen." So wird die Welt, ohne dass wir uns in irgendeiner Weise besonders bemühen müssen, es sehen und sagen: Diese Menschen waren mit Jesus zusammen, und Jesus wird durch sie offenbart.

Ich bete für dich, dass du, nachdem du dieses Buch gelesen hast, Jesus in einer Weise kennenlernst, wie du ihn noch nie zuvor gekannt hast.

Möge der Herr dich segnen.

Sunday Adelaja

Kapitel 1

Jesus an deiner Stelle

> *Daher musste er in allem den Brüdern gleich werden, damit er barmherzig und ein treuer Hoherpriester vor Gott werde, um die Sünden des Volkes zu sühnen; denn worin er selbst gelitten hat, als er versucht worden ist, kann er denen helfen, die versucht werden.*
>
> Hebräer 2:17,18

Viele Leute gehen in die Gemeinde, weil sie sich dort wohlfühlen, sie Vergebung empfangen, Heilung, Segen, Liebe….

Sie empfangen das, was ihnen außer Jesus Christus keiner geben kann. Sie wissen jedoch nicht, dass es das Wichtigste ist, Jesus persönlich kennenzulernen. Nur wenn wir Jesus persönlich kennenlernen, wird sich alles verändern. Wir werden mit Ihm reden. Wir werden Ihn von ganzem Herzen lieben. Wir werden Ihn verehren, mit allem was wir tun und mit unserem ganzen Leben. Es ist wichtig für uns, Jesus zu kennen, den Einen, der für uns gestorben ist, der für uns gekreuzigt wurde, damit wir leben können. Unser Leben sollte nicht nur einfach sein, unser Leben sollte das Leben Jesu widerspiegeln. Als Jesus auf der Erde lebte, zeigte Er uns, wie man ein rechtschaffenes Leben lebt.

Jesus kam auf diese Erde, um uns zu erretten. Und zu diesem Zweck wurde er in Gestalt des Menschen geschaffen, uns ähnlich.

Daher musste er in allem den Brüdern gleich werden..

Hebräer 2:17

Als Jesus hier auf dieser Erde war, war er der Sohn Gottes.

Jesus verließ den Himmel, Er verließ Seine göttliche Natur, und nahm die Gestalt eines Sklaven an, die Gestalt des sündigen Fleisches, obwohl er selbst keine Sünde begangen hatte. Das Fleisch, das er annahm, war fähig zu sündigen, aber wegen Seines göttlichen Geistes blieb Er sündlos.

Jesus kam auf diese Erde, um Menschen zu erlösen, und um diese Mission zu erfüllen, musste er ganz Mensch werden. Als der Mensch durch Adam und Eva sündigte, wurde es notwendig, dass jemand kam, der sich der Sünde widersetzte, der den Teufel überwand und auf diese Weise die Heiligkeit und Gerechtigkeit des Menschen wiederherstellte, die dieser am Anfang im Garten Eden von Gott bekommen hatte.

Kein Mensch war in der Lage, das zu tun, weil jeder nach dem Sündenfall Adams sündige Natur geerbt hatte und naturgemäß sündigte. Der Mensch konnte dem Teufel nicht widerstehen, konnte der Versuchung nicht widerstehen und verlor dadurch seine von Gott gegebene Autorität über die Erde. Der Mensch übergab diese Autorität dem Teufel, weshalb der Teufel jetzt über die Erde herrscht. Um uns vom Fluch der Sünde zu befreien, musste jemand aus dem menschlichen Geschlecht mit seiner Gerechtigkeit den Teufel überwinden, und uns durch Blutvergießen, Tod und Auferstehung retten. Das ist es, was Jesus Christus für uns getan hat. Er kam als Ebenbild des Menschen in diese Welt. Was bedeutet „als Ebenbild"? Es bedeutet, dass Jesus an unserer Stelle war. Er wurde in allem wie ein Mensch, um zu fühlen wie wir fühlen und alles das zu durchleben, was wir auf dieser Erde durchleben.

Fühlen wir uns nicht schlecht, wenn wir krank werden? Die Bibel sagt, dass Jesus für unsere Krankheiten verwundet wurde, und Er möchte, dass wir durch seinen Striemen geheilt werden. Seine Wunden sind unsere Krankheiten. Jesus weiß, was du fühlst und durch welche Prüfungen du gehst. Denke niemals, dass Gott dich vergessen hat.

Die Bibel sagt, dass Jesus in allem wie ein Mensch wurde.

Denn worin er selbst gelitten hat, als er versucht worden ist, kann er denen helfen, die versucht werden.

Hebräer 2:18

Jesus ging durch alles das, wodurch du gerade jetzt gehst. Gott sagt, dass Er all das getan hat, um dich zu verstehen. Wenn also etwas schiefgeht, oder wenn dich niemand versteht oder es niemanden gibt, mit dem du reden kannst, dann ziehe dich von allen anderen und von jeder Ablenkung zurück und erzähle Jesus das alles. Er ist immer an deiner Seite. Denke daran, dass dich manchmal auch dein Mann, deine Frau, deine Familie oder deine engen Freunde nicht verstehen werden, aber Jesus wird dich immer verstehen. Er ist immer gegenwärtig und Er lebt in dir. Leg deinen Kopf auf Seine Schulter, sag ihm alles und Er wird dich verstehen und dich trösten. Das wird der Trost sein, der nur vom Thron des lebendigen Gottes kommt.

Du hast Jesus, der vieles erlitten hat, damit du dich heute auf ihn verlassen kannst, Ihm in die Augen schauen und um Seinen Trost bitten kannst. Schaue auf Jesus und denke daran, dass Er an deiner Seite ist. Er kümmert sich um dich. Um deinetwillen wurde Er gefoltert. Wenn es auf dieser Erde nur einen Menschen geben würde, hätte Jesus dasselbe für ihn allein getan. Jesus würde sich noch immer an deine Stelle begeben, um dich zu verstehen.

Jesus ist unser bester Freund, also müssen wir Ihn kennen. Wir müssen nicht nur Seine Kraft kennen, Seine Wunder und Zeichen, oder Seine Heilung, sondern wir müssen Seine Persönlichkeit kennen.

Jesus lebte auf dieser Erde und hatte dasselbe sündige Fleisch wie wir. Er konnte in Sünde fallen. Hätte Er nicht in Sünde fallen können, so hätte der Satan ihn nicht versucht.

Denn das dem Gesetz Unmögliche, weil es durch das Fleisch kraftlos war, tat Gott, indem er seinen eigenen Sohn in Gestalt des Fleisches der Sünde und für die Sünde sandte und die Sünde im Fleisch verurteilte

Römer 8:3

Gott sandte Seinen Sohn in der „Gestalt des Fleisches der Sünde" – dasselbe sündige Fleisch, das wir haben.

Ich erinnere mich an die Zeit, als Gott mich freisetzte. Zu jener Zeit war ich Universitätsstudent. Ich war ein gläubiger Christ unter vielen Studenten, höchstwahrscheinlich sogar der einzige. Die Versuchung war überall, vor allem während des Sommers. Es gab so viele hübsche Mädchen… Und natürlich wollten sie alle heiraten. Ich wusste, dass ich studieren musste, aber die Versuchung war überall. Ich dachte, es gäbe keinen Ausweg aus dieser Situation, aber Gott sprach zu mir durch diese spezielle Bibelstelle, bei der es darum geht, wie Jesus Christus in allem versucht wurde, und dass Er an meiner Stelle war. Aber Er blieb standhaft und sündigte nicht ein einziges Mal. Das half mir, der Sünde zu widerstehen.

Viele von uns sehen sich verschiedenen Versuchungen ausgesetzt, wie z. B. Alkohol oder Geld, und wir meinen, schwach und hilflos zu sein und nicht widerstehen zu können. Ja, natürlich bist du schwach, so lange sich Jesus nicht durch dich offenbart. Wenn Er sich durch dich offenbart, musst du nicht länger der

Sünde wehren. Jesus, der Eine, der die Versuchung überwunden hat, lebt jetzt in dir, und Er wird jeder Versuchung widerstehen.

Sprich im Gebet mit Ihm darüber, sage zu Ihm: „Jesus, du wurdest in allem versucht, aber du hast es überwunden. Offenbare dich durch mich, gib mir diese Vollmacht, die du hattest, um alle Versuchungen zu überwinden."

Jesus hatte dasselbe Fleisch wie wir. Der Unterschied zwischen Jesus und den Menschen, die vor Seiner Geburt lebten und denen, die während Seiner Lebenszeit lebten, war einfach nur der, dass Jesus vom Heiligen Geist und Maria geboren worden war. Sein Vater war nicht Josef, sondern der Heilige Geist.

Das war Sein Vorteil. Heute hat die medizinische Wissenschaft bewiesen, was vor tausenden von Jahren in der Bibel geschrieben wurde, nämlich dass ein Baby die DNA seines Vaters erbt und nicht die seiner Mutter. Gott hatte es so geplant, damit Jesu Vater der Heilige Geist und Sein Blut dadurch heilig und unbefleckt sei. Wenn Sein Blut aber menschlich gewesen wäre, dann hätte Er die menschliche sündige Natur geerbt. Über was für einen Sieg Jesu über den Teufel würden wir dann reden? Jesus hätte in dem Fall den Kampf mit dem Teufel verloren, aber das hat Er nicht. Er war in der Lage zu überwinden, weil Er die menschliche sündige Natur nicht in Seinem Blut hatte. Jeder hat eine sündige Natur bevor er gerettet wird, also sündigt er auch dann noch, wenn er gar nicht sündigen will. Jesus hatte das Blut des Heiligen Geistes, dennoch wurde Er aus Fleisch geboren und war fähig zu sündigen. Er blieb jedoch heilig und gerecht.

Aus diesem Grunde müssen wir zweimal geboren werden, einmal aus dem Fleisch und einem aus dem Heiligen Geist. Die Bibel sagt, dass wenn ein Mensch nicht von neuem geboren ist, nicht zum zweiten Mal geboren wird, dann kann er nicht in das Reich Gottes kommen.

Was aus dem Fleisch geboren ist, ist Fleisch, und was aus dem Geist geboren ist, ist Geist.

Johannes 3:6

Wenn du nur allein aus dem Fleisch geboren wärest, dann würdest du Fleisch bleiben. „Das was aus dem Fleisch geboren ist, ist Fleisch." Aus diesem Grunde bist du immer schwach, so dass du sündigst. Wenn du aber dein Leben lang der Sünde dienst, wirst du in der Hölle enden. Dann bist du zur ewigen Verdammnis verurteilt. Aber die Bibel sagt, dass nach dem Tod und der Auferstehung Jesu, jedem von Gott die Chance gegeben worden ist, die Art Geburt zu erleben, die Jesus erlebt hat. Weil Er aus dem Heiligen geboren ist, müssen auch wir wieder geboren werden. Was ist das für eine Geburt? Es ist die Geburt im Heiligen Geist. Weißt du also, was mit dir geschieht, wenn du auf diese Weise Jesus als deinen Herrn und Erlöser annimmst? Du gehst durch dieselbe Geburt, durch die auch Jesus gegangen ist. Eine zweite Geburt geschieht, die geistliche Geburt.

Du fragst vielleicht, warum Gott das nicht auf andere Art tun kann. Warum geschieht es ganz konkret dadurch, Jesus anzunehmen? Die Antwort ist, dass Jesus der Erstgeborene ist.

Und er ist das Haupt des Leibes, der Gemeinde. Er ist der Anfang, der Erstgeborene aus den Toten, damit er in allem den Vorrang habe

Kolosser 1:18

Jesus ist der Erstgeborene unter vielen Brüdern. Er war der erste, der wieder geboren wurde, und es war Seine Vorherbestimmung, jedem zu zeigen, wie er nach der zweiten Geburt leben soll. Er ging diesen Weg zuerst. Er zeigte uns, wie wir leben sollen, und das beschreibt uns die Bibel.

Wir müssen Jesus Christus in unser Herz einladen, um wieder geboren zu werden. Wenn du Jesus als deinen Herrn und Erlöser annimmst, dann wirst du wieder geboren. Jesus kommt durch den Heiligen Geist zu uns und manifestiert Sein Leben in uns, so wie es die Bibel darstellt. Zunächst war Sein Geist nur in Seinem Fleisch, aber nun ist Sein Geist auch in unserem Fleisch.

Was ist also das Wesen des Menschen: Fleisch oder Geist? Geist natürlich. Daher wird Jesus mit all Seinen Eigenschaften in jedem wiedergeborenen Christen offenbart.

Deshalb sagte Er, dass jeder, der an Ihn glaubt, das tun wird, was Er getan hat. Du siehst, Jesus lebt in uns, und wir müssen Ihm einfach nur erlauben, Sich selbst durch uns zu offenbaren. Er sagte, dass Er mit uns und in uns ist.

Ich glaube jedoch nicht, dass du sofort stark sein und Vollmacht haben wirst, nachdem Jesus in dein Leben gekommen ist. Jesus muss zunächst einmal in dir wachsen. Sogar Jesus musste wachsen, als Er als Mensch auf der Erde war. Wenn Jesus nicht in dir wächst, dann kannst du nicht auf die Ebene kommen, auf der du Wunder wirken kannst. Als Jesus im Fleisch war, hatte er auch nicht sofort damit begonnen, Wunder zu tun.

Jesus war an unserer Stelle, als Er so geschaffen war wie wir. Nun möchte Gott, dass wir an Jesu Stelle sind, damit wir Ihm in allem ähnlich sind.

Das bedeutet, dass wir Ihn der Welt sichtbar machen sollen, Ihn lieben, von Ihm lernen und Ihn nachahmen sollen. Wir müssen unsere Geisteshaltung verändern, wir müssen so denken, wie Jesus gedacht hat, so sprechen wie Er gesprochen hat, mit Ihm wandeln und so sein wir Er. Und wenn Seine Gnade in uns zu wachsen beginnt, dann werden wir Seine Weisheit empfangen, Seine wundersame Kraft wird unsere Kraft sein, und wir werden beginnen, wie jemand zu sprechen, der Macht und Autorität hat. Sein Charakter wird ins uns Gestalt annehmen.

Und Jesus nahm zu an Weisheit und Alter und Gunst bei Gott und Menschen.

Lukas 2:52

Wenn Jesus in unser Leben kommt und beginnt, in uns zu wachsen, ist das wie die Geburt und das Wachstum eines Kindes. Damit ein Kind erwachsen werden kann, muss es wachsen und sich entwickeln. Wenn Jesus in dein Herz kommt, dann muss Er in dir wachsen. Es liegt allein an dir, ob Er in dir wächst oder nicht. Was musst du tun? Lerne von Jesus und sinne über Ihn nach, sei dir bewusst, dass Er immer an deiner Seite ist. Rede mit Ihm wie mit deinem besten Freund. Umarme ihn, sage Ihm, wie sehr du Ihn liebst. Danke Ihm für alles. Sobald du Jesus angenommen hast, wirst du zu einem Kind Gottes.

Weil ihr aber Söhne seid, sandte Gott den Geist seines Sohnes in unsere Herzen, der da ruft: Abba, Vater!

Galater 4:6

Der erste Sohn Gottes ist Jesus. Und Jesus, der Sohn Gottes, zeigte uns, wie die Söhne Gottes leben sollten.

Dass wir Gottes Kinder sind, bedeutet auch, dass wir so leben wie Jesus gelebt hat. Aber wir Menschen sind schwach und können so nicht leben, deshalb sandte Gott uns den Geist Seines Sohnes, den Geist, der in Jesus wohnte.

Als Jesus auf der Erde lebte, als Mensch, verhielt Er sich wie der Sohn Gottes.

So war Jesus an unserer Stelle, um uns verstehen zu können und so zu sein wie wir. Nun sind wir an Seiner Stelle. Er ist physisch nicht mehr hier. Physisch sind nur noch wir hier, um alles das weiterzuführen, was Jesus getan hat. Er lebt in uns, und wir können uns nicht von Ihm trennen. So lange Gott in dir lebt, ist Er mit dir. Erlaube Ihm deshalb, Herr über all deine Umstände zu sein. Bevor du irgendetwas tust, frage dich selbst: „Würde Jesus genauso handeln?" Wenn wir uns das bewusst machen und entsprechend handeln, dann beginnen wir, in der Kraft und Autorität des Allmächtigen zu wirken.

Als Gott mir das offenbarte, begann ich, die Bibel anders zu lesen. Nun liebe ich es mehr denn je, die Bibel zu lesen, besonders die Evangelien, denn wenn ich sie lese, dann sehe ich Jesus. Er lebt in mir.

Versuche, wie Jesus zu sein. Damit dies geschehen kann, musst du Jesus kennenlernen, Ihn in allem nachahmen. Frage dich immer wieder: „Hätte Jesus das auch getan? Wie hätte Er es getan?" Erlaube Jesus, es so zu tun, wie es getan werden muss. Vertraue Ihm. Behandle Jesus als wäre Er ein echter Mensch, der an deiner Seite ist. Entwickle deine Vorstellungskraft. Stelle dir immer vor, dass Er an deiner Seite ist. Das musst du dir klar machen und dich entsprechend verhalten. Jesus ist Geist und Er ist immer da, wo du bist. Viele Menschen spüren diese Gegenwart während sie loben und anbeten. Du spürst, dass Er dich erfüllt. Jesus sagt, dass er dich an deiner rechten Hand halten wird. Er ist um dich herum und Er ist in dir.

Wenn ich krank bin oder mich nicht gut fühle, sage ich: „Jesus, du lebst in mir, offenbare deine heilende Kraft." Ich schließe meine Augen, ich wende mich an Jesus, Er kommt und offenbart Seine Macht. Wenn ich für jemanden bete, sage ich: Herr, nicht ich bin es, ich bin ein Niemand, offenbare du dich." Wenn ich jemandem die Hände auflege, weiß ich, dass nicht ich derjenige bin, der heilt, sondern Jesus, und diese Hände sind Seine.

Nimm dich selbst beiseite und lasse Jesus handeln. Sage ihm, dass du nur ein Gefäß bist, dass du nur ein Leib bist, den Er gebrauchen kann.

Habt diese Gesinnung in euch, die auch in Christus Jesus war.
Philipper 2:5

Du solltest die gleiche Gesinnung haben wie Jesus.

Wenn du zum Vater beten möchtest, denke daran, wie Jesus zum Vater gebetet hat. Jesus war sehr ruhig, Er dankte dem Vater, dass Er Ihn immer hörte. Es war so einfach. Jesus erweckte die Toten zum Leben, weil Er die Nacht zuvor in der Gemeinschaft mit Gott, dem Vater, verbracht hatte. Jesus war immer mit dem Vater zusammen und Er wusste, dass der Vater mit Ihm war. Das musst auch du wissen. Bitte deinen Vater im Himmel im Namen Jesu um irgendetwas. Lerne von Jesus: Als Jesus mit dem Vater sprach, bat Er den Vater nicht, den unreinen Geist auszutreiben, Jesus selbst trieb den unreinen Geist aus. Deshalb musst du genauso handeln. Befiehl dem unreinen Geist, im Namen Jesu auszufahren. Du musst verstehen, dass nicht du es bist, der es tun wird, sondern Jesus durch dich, denn du bist Fleisch, und Jesus ist Geist. Er ist derjenige, der durch deinen Mund spricht. Wenn du sagst: „Im Namen Jesu" – bedeutet das, dass Er an deiner Seite ist, und Er ist derjenige, der wirkt, nicht du. „Habt diese Gesinnung in euch", die Gesinnung, die Jesus Christus hatte. Der Herr wird die Gesinnung Jesu durch dich offenbaren. Erlaube Jesus, sich durch dich zu offenbaren.

Kapitel 2

Die beiden Namen Christi

Mit dem Ursprung Jesu Christi verhielt es sich aber so: Als nämlich Maria, seine Mutter, dem Josef verlobt war, wurde sie, ehe sie zusammengekommen waren, schwanger befunden von dem Heiligen Geist. Josef aber, ihr Mann, der gerecht war und sie nicht öffentlich bloßstellen wollte, gedachte sie heimlich zu entlassen. Während er dies aber überlegte, siehe, da erschien ihm ein Engel des Herrn im Traum und sprach: Josef, Sohn Davids, fürchte dich nicht, Maria, deine Frau, zu dir zu nehmen! Denn das in ihr Gezeugte ist von dem Heiligen Geist. Und sie wird einen Sohn gebären, und du sollst seinen Namen Jesus nennen, denn er wird sein Volk retten von seinen Sünden. Dies alles geschah aber, damit erfüllt würde, was von dem Herrn geredet ist durch den Propheten, der spricht: "Siehe, die Jungfrau wird schwanger sein und einen Sohn gebären, und sie werden seinen Namen Emmanuel nennen", was übersetzt ist: Gott mit uns. Josef aber, vom Schlaf erwacht, tat, wie ihm der Engel des Herrn befohlen hatte, und nahm seine Frau zu sich; und er erkannte sie nicht, bis sie einen Sohn geboren hatte; und er nannte seinen Namen Jesus.

Matthäus 1:18-25

Sehr oft hören wir den Namen JESUS, aber leider wissen viele Menschen nicht, was er bedeutet. Die Bibel sagt, dass der Neugeborene Jesus genannt werden sollte, weil Er Sein Volk von der Sünde erlösen soll. Warum ist es notwendig, Menschen von ihrer Sünde zu erlösen? Es ist deshalb notwendig, weil die Sünde den Menschen von Gott trennt.

denn alle haben gesündigt und erlangen nicht die Herrlichkeit Gottes

Römer 3:23

Sünde trennt den Menschen von Gott. Jesu Dienst auf der Erde war es, Menschen vom Fluch der Sünde zu erlösen. Jedes Mal, wenn du an Jesus denkst, denke daran, dass sich Sein Leben durch dich offenbaren muss. Das bedeutet, dass es sich durch deine Worte offenbaren muss, durch dein Handeln und dein Verhalten. Jesus offenbart sich durch das Leben der Menschen, um diese von ihrer Sünde zu erlösen, und wenn ein Mensch von seiner Sünde erlöst wird, dann ist seine Beziehung zu Gott wiederhergestellt. Und indem sich Gott mit dem Menschen versöhnt, kehrt Er in sein Leben zurück. Deshalb ist es das Allerwichtigste in diesem Leben, dass alle Menschen dieses Planeten gerettet werden sollten und ihre Beziehung zu Gott wiederhergestellt wird.

Deshalb wurde der Sohn Gottes Jesus der Retter genannt, denn Er sollte die Menschen retten.

Wer die Sünde tut, ist aus dem Teufel, denn der Teufel sündigt von Anfang an. Hierzu ist der Sohn Gottes offenbart worden, damit er die Werke des Teufels vernichte.

Johannes 3:8

Der Sohn Gottes kam, um die Werke des Teufels zu zerstören. Er sagte, dass der Erstgeborene Gottes nicht sündigt, doch die von dieser Welt Geborenen sündigen. Jesus zerstört die Werke des Teufels und setzt Menschen frei von ihrer Sünde. Weil Jesus in uns lebt, sollen auch wir die Sünde im Leben von Menschen zerstören und sie aus ihren Ketten befreien. Deshalb müssen wir Jesus erlauben, durch unser Leben andere Menschen von ihren Sünden zu befreien.

Der erste Name des Sohnes Gottes ist Jesus. Im Evangelium nach Matthäus steht, dass Jesus einen zweiten Namen hat.

Siehe, die Jungfrau wird schwanger sein und einen Sohn gebären, und sie werden seinen Namen Emmanuel nennen", was übersetzt ist: Gott mit uns.

Matthäus 1:23

Der zweite Name Jesu ist Immanuel, was bedeutet „Gott ist mit uns". Sein erster Name ist Jesus. Er wurde so genannt, weil Er kam, um die Werke des Teufels zu zerstören und Menschen von ihrer Sünde zu erlösen. Sein zweiter Name, Immanuel, bedeutet, dass Gott, der Schöpfer des Himmels und der Erde, die Entscheidung traf, selbst die Gestalt Jesu Christi anzunehmen und vom Himmel herabzukommen.

Seit Jesus Christus auf die Welt gekommen war, hatte Gott entschieden, auf dieser Erde zu bleiben, bei jedem Menschen, der Jesus Christus in sein Herz aufnimmt. Wenn Jesus in deinem Herzen wohnt, dann bedeutet dass, das Gott immer mit dir ist und dich nie verlassen wird. Wenn du Jesus als Herrn und Erlöser in dein Herz aufnimmst, wird Er zu deinem Immanuel. Gott ist immer mit dir.

Egal durch was du hier auf dieser Erde gehst, sei dir sicher, dass du niemals alleine bist. Gott ist mit dir! Genauso sicher musst du dir sein, dass du von deinen Sünden erlöst bist und dass Gott immer mit dir ist. Diese Offenbarung muss sich tief in deinem Bewusstsein verankern, denn erst dann wirst du beginnen, die Gegenwart Gottes in dir nahe zu spüren. Kommuniziere mit Ihm, halte Seine Hand, gib der Angst niemals Raum. Kein Gläubiger hat das Recht, sich zu fürchten. Wenn du dich noch immer vor etwas fürchtest, dann bedeutet das, dass du die Offenbarung über den Immanuel noch nicht angenommen hast – den zweiten Namen Jesu. Lasst uns in die Bibel schauen:

Was sollen wir nun hierzu sagen? Wenn Gott für uns ist, wer ist gegen uns?

Römer 8:31

Wenn Gott mit dir ist, dann solltest du vor nichts und niemandem Angst haben. Gott wird dich immer schützen. Wenn man dich umbringt, habe keine Angst, Gott ist mit dir. Sogar wenn du als Märtyrer sterben wirst, wirst du in Frieden sterben und nach dem Tod Jesus begegnen. Gott ist mit uns, Sein Name ist Immanuel. Jeder Gläubige, der weiß, dass Gott mit ihm ist, tut die Werke Gottes. Wenn er weiß, dass Jesus an seiner Seite ist, dann beginnt er, Ihm zu glauben, und beginnt zu tun, was Jesus getan hat. Und Jesus wird es nie leid, die Werke Gottes zu tun. Jesus ist voll und ganz darauf vorbereitet, mit dir zu sein, wenn du es Ihm erlaubst. Wenn du weißt, dass Er hier mit dir ist, dann wirst du verstehen, dass Er nicht untätig sein möchte.

Egal wo du bist, Gott versteht dich immer. Egal was dir geschehen ist, Gott war an deiner Stelle, Er fühlt deine Schmerzen, dein Leid, Er weiß genau, was du gerade durchmachst. Gott ist mit dir. Jesus ist mit dir. Denke immer daran.

An jenem Tag werdet ihr erkennen, dass ich in meinem Vater bin und ihr in mir und ich in euch.

Johannes 14,20

Stell dir vor, dass Jesus an deiner Seite ist. Er ist dir immer nahe. Seine Wärme, Seine Liebe offenbart sich durch dich. Deshalb sind die Gläubigen dazu aufgerufen, den nicht Geretteten den Namen Jesu zu verkündigen. Erlaube Jesus, der in dir lebt, sich selbst als Immanuel den anderen Menschen zu offenbaren. Sage den Leuten, dass Immanuel in dir lebt. Sage ihnen, dass Er hier ist und dass Er sie anrühren kann. Sage ihnen, dass Er Seine Wunder tun will. Sage ihnen, dass Er auch ihr Immanuel werden kann.

Wahrscheinlich bist du schon Menschen begegnet, die Gottes Existenz anzweifeln. Zu viele Menschen kennen diese Fakten über Jesus und Gott nicht. Aus genau diesem Grund sind wir dazu berufen, ihnen zu beweisen, dass es einen Gott gibt, dass Er mit uns ist und dass Er hier ist. Alles was du tun musst, ist Ihn anzunehmen, und Er wird zu deinem Immanuel werden. Viele Menschen suchen Gott durch Zauberei und schwarze Magie…Wir als Christen können Ihnen den Einen zeigen und bringen, der in uns wohnt. Jesus ist Geist, deshalb kann Er gleichzeitig in mir und in jemand anderem leben. Erlaube Ihm einfach, sich durch dich zu offenbaren, damit die Menschen sehen, dass Er der Gott ist, der immer mit uns ist. Er hält dich bei der Hand. Er ist hier. Wir können leidenschaftlich predigen, wenn wir wissen, dass Jesus mit uns ist. Wir können für Heilung von jeder Krankheit beten, weil wir wissen, dass Jesus und nicht wir die Person heilen werden. Wir können Gottes Wort bekennen und jedem Problem widerstehen, weil Gott mit uns ist.

Deshalb wissen wir, dass der Sohn Gottes zwei Namen hat. Wenn wir den Namen „Jesus Christus" hören, dann denken wir oft, dass Jesus Sein Vorname und Christus Sein Nachname ist. Das stimmt aber nicht. Jesus ist wirklich Sein Name, aber Christus ist nicht Sein Nachname.

Lasst uns noch einmal das Evangelium anschauen:

Jakob aber zeugte Josef, den Mann Marias, von welcher Jesus geboren wurde, der Christus genannt wird.

Matthäus 1:16

Wie du sehen kannst, wurde Jesus „Christus" genannt. Warum begannen sie damit, ihn so zu nennen und wann? Es gab tatsächlich viele Argumente, sogar während Jesu Lebzeiten.

Ganz Israel und alle Juden erwarteten das Kommen des Messias. Sie kannten schon den lebendigen Gott. Sie kannten den Gott Abrahams, Isaaks und Jakobs. Sie kannten Gott als Jahwe. Sie kannten den Schöpfer der Welt. Und dieser Gott versprach ihnen, dass Er kommen würde, um die Menschen zu überführen und dass sie Ihn den Messias nennen würden.

In den Verheißungen, die Gott den Menschen des Alten Testamentes gegeben hatte, war Sein Name als der Messias erwähnt worden. In der griechischen Sprache bedeutet Messias Christus, König oder Retter. Wenn wir Christus sagen, dann bedeutet das Messias oder Retter.

Die Juden hatten sehr lange auf das Kommen des Messias gewartet. Als Er dann aber kam, wurde Er nicht willkommen geheißen, sondern abgelehnt. Das führte zu einer Teilung des Volkes Israel in zwei Lager: Eine Gruppe stand hinter Jesus, und die andere Gruppe war gegen Ihn. Jesus wurde beschuldigt, sich selbst den Messias zu nennen. Aus diesem Grunde wurde Er gekreuzigt, und Sein Tod brachte den Menschen die Erlösung. Wäre Er nicht gekreuzigt worden, wären wir nicht gerettet. Gott sei gelobt dafür, dass Er Seine Mission erfüllt hat. Die Juden haben Jesus einfach nie verstanden. Sie verbrachten ihr ganzes Leben damit, auf Ihn zu warten. Als Er dann aber kam, wurde Er missverstanden und gekreuzigt. Und als die Menschen dann verstanden hatten, dass Er der Messias war, war es bereits zu spät.

Er aber schwieg und antwortete nichts. Wieder fragte ihn der Hohepriester und spricht zu ihm: Bist du der Christus, der Sohn des Hochgelobten? Jesus aber sprach: Ich bin es! Und ihr werdet den Sohn des Menschen sitzen sehen zur Rechten der Macht und kommen mit den Wolken des Himmels. Der Hohepriester aber zerriss seine Kleider und spricht: Was brauchen wir noch Zeugen? Ihr habt die Lästerung gehört. Was meint ihr? Sie verurteilten ihn aber alle, dass er des Todes schuldig sei

Markus 14:61-64

Die Menschen, die Ihm nachfolgten, Seine Jünger, waren überzeugt, dass Er der Christus ist. Sogar jene, die Ihn kreuzigten, waren von dieser Tatsache überzeugt. Als Er gekreuzigt wurde (es war drei Uhr am Nachmittag), versank die ganze Stadt in Dunkelheit. Das war ein großes Zeichen. Die Soldaten, die Ihn gekreuzigt hatten, waren davon überzeugt, dass Er wahrhaftig der Sohn Gottes ist. Am dritten Tag, so wie Er verheißen hatte, stand Er von den Toten auf und bewies dadurch noch einmal, dass Er der Messias ist.

Jesus war der erste Mensch, der den Tod überwunden hat. Die Menschen sahen ihn noch vierzig Tage nach Seiner Auferstehung. Und später, im Beisein vieler Menschen, stieg Er zum Vater auf. Er stieg mit Seinem Körper auf und verschwand in den Wolken. Das war ein weiteres Wunder, nach Seiner Auferstehung von den Toten, und die ganze Welt wurde Zeuge davon. Nach Seiner Auferstehung, für die Dauer von zehn, zwanzig, fünfzig Jahren und bis heute, tut er noch immer all das, was Er tat, als er noch auf der Erde lebte.

Es scheint so, als sei Er noch immer physisch auf der Erde anwesend. Seine Werke werden in größeren Dimensionen getan. Alles, was Er getan hatte, wird heute in vielen Nationen in größerem Maßstab getan. Menschen kehren um, beten Jesus an und bekennen Ihn als Ihren Herrn und Erlöser. Warum geschieht das? Du weißt, dass Jesus nur zwölf Jünger hatte – zwölf Apostel. Auch wenn sie getan hätten, was Jesus tat, hätten sie nicht so viele Werke tun können, wie wir sie heute erleben. Die Erklärung dafür ist sehr einfach. Tatsache ist, dass Jesus Christus gekreuzigt wurde, von den Toten auferstand und zu uns zurückgekehrt ist. Nun wohnt Er in jedem Gläubigen, und jeder Gläubige, der in Jesus ist, kann alles tun, was auch Jesus getan hat. Das war die Strategie Gottes. Aus diesem Grund sagte Jesus, dass es besser für Ihn sei, fortzugehen, denn wenn Er geht, wird Er sich nicht nur in Jerusalem, sondern durch jeden Gläubigen auf der ganzen Welt offenbaren können.

Wenn du an Jesus Christus glaubst, und Jesus nicht durch dich heilt, wenn Jesus durch dich keine Menschen rettet, wenn Jesus durch dich keine Menschen freisetzt, dann solltest du dir diese Frage stellen: „An was für einen Jesus glaube ich?" Du siehst, Jesus musste auferstehen, um sich selbst „multiplizieren" zu können, damit du Seine Werke mit Ihm zusammen jeden Tag tun kannst. Damit jeder das tun kann, was Jesus hier auf der Erde getan hat.

Alles begann mit nur zwölf Jüngern, die Jesu Lehre verbreiteten. In der Stadt Antiochia begannen Menschen zusammenzukommen, die an Jesus glaubten. Sie begannen damit, alles das zu tun, was Jesus tat.

Es waren aber unter ihnen einige Männer von Zypern und Kyrene, die, als sie nach Antiochia kamen, auch zu den Griechen redeten, indem sie das Evangelium von dem Herrn Jesus verkündigten. Und des Herrn Hand war mit ihnen, und eine große Zahl, die gläubig wurde, bekehrte sich zum Herrn. Es kam aber die Rede von ihnen zu den Ohren der Gemeinde in Jerusalem, und sie sandten Barnabas aus, dass er hindurchzöge bis nach Antiochia; der freute sich, als er hingekommen war und die Gnade Gottes sah, und ermahnte alle, mit Herzensentschluss bei dem Herrn zu verharren.

und als er ihn gefunden hatte, brachte er ihn nach Antiochia. Es geschah ihnen aber, dass sie ein ganzes Jahr in der Gemeinde zusammenkamen und eine zahlreiche Menge lehrten und dass die Jünger zuerst in Antiochia Christen genannt wurden.

Apostelgeschichte 11:20–23, 26

Warum wurden diese Menschen Christen genannt? Man nannte sie so, weil das Leben jedes Gläubigen beweist, dass Jesus Christus der Messias ist. Er bewies durch Zeichen und Wunder, dass Er der Messias ist. Er bewies es durch Seine Rechtschaffenheit. Er bewies es durch Seinen Sieg über die Sünde. Er bewies es durch Seinen Sieg über das Reich der Finsternis. Die Gläubigen, die Jesus in ihr Herz aufgenommen haben, wurden genauso willkommen geheißen, wie sie Jesus willkommen geheißen hatten. Das, was Jesus während Seiner Lebzeiten erfahren hatte, geschah von nun an auch jedem Gläubigen. Deshalb wurden diese Menschen Christen genannt.

Heute ist Jesus an der Seite eines jeden Christen. Er möchte durch uns alles das vollenden, was Er hier auf der Erde getan hatte. Jesus hat sich nicht verändert, Er ist derselbe wie zuvor, und Er hat dieselbe Macht, die Er während Seines Dienstes auf der Erde hatte. Er lebt in uns und Er leitet uns. Er möchte, dass wir Ihn kennenlernen, Sein Wort studieren, damit wir uns so verhalten wie es Jesus getan hat und Ihn nachahmen. Jesus will, dass wir so zu Dämonen sprechen wie Er es getan hat, den Kranken die Hände auflegen so wie Er den Kranken die Hände aufgelegt hat und Heilung aussprechen so wie Er es getan hat.

Nicht du bist es, der diese Werke tut, sondern Jesus wird sie durch dich tun. Denke immer daran, dass Jesus in dir ist und dass Er dir nahe ist.

Jesus lebt. Er mag keine Trägheit. Deshalb enttäuscht du Ihn, wenn du nichts tust.

Du wirst ein wahrer Christ sein, wenn du beginnst, mit Christus in deinem Herzen zu leben. Wie wir von der Bibel wissen, sind Christen Nachfolger Jesu Christi:

und als er ihn gefunden hatte, brachte er ihn nach Antiochia. Es geschah ihnen aber, dass sie ein ganzes Jahr in der Gemeinde zusammenkamen und eine zahlreiche Menge lehrten und dass die Jünger zuerst in Antiochia Christen genannt wurden.

Apostelgeschichte 11:26

Nur wenige Jünger Jesu predigten den Heiden (Griechen) in Antiochia, und sie kamen zum Glauben. Die Menschen dieser Stadt begannen zu sehen, was sie noch nie zuvor gesehen hatten. Sie hörten von Jesus und Seinen Werken, und obwohl Er gestorben war, ereignete sich noch immer alles das, was Er getan hatte und offenbarte sich. Wie kommt das? Die Wahrheit ist, dass jeder Gläubige das tun kann, was Jesus getan hat.

Je mehr Menschen an Jesus glauben, desto weiter wird Seine Lehre verbreitet und desto mehr Menschen werden gerettet. In Antiochia hatten die Menschen, die sich von ihrer heidnischen Religion und ihrem Unglauben angewandt und Jesus zugewandt hatten, Glauben so wie wir. Niemand wurde als Christ geboren. Zuerst glauben wir an Ihn, und dann nehmen wir Ihn in unser Herz auf.

Du weißt, wie viele Menschen es gibt, die einmal im Monat oder sogar nur einmal im Jahr den Gottesdienst besuchen, und dennoch nennen sie sich Christen. Sie haben nicht richtig verstanden, was ein Christ ist. Es reicht nicht, einfach nur an Jesus zu glauben. Es ist notwendig, dass Jesus in dir lebt und dass sich Sein Leben durch dich offenbart. Christen sind die Menschen, durch die Jesus Seinen Charakter und Seine Persönlichkeit, Seine Gerechtigkeit, Sein Leben und Seinen Sieg der ganzen Welt offenbaren kann. Durch das Leben eines wahren Christen wird Jesus sich immer offenbaren.

Viele Menschen nennen sich Christen, nur weil sie in einem christlichen Land geboren wurden. Die Bibel sagt jedoch, dass die Wahrheit Gottes unveränderbar ist. Sie steht auf einem starken Fundament und trägt ein Siegel:

Doch der feste Grund Gottes steht und hat dieses Siegel: Der Herr kennt, die sein sind; und: Jeder, der den Namen des Herrn nennt, halte sich fern von der Ungerechtigkeit!

Timotheus 2:19

„Dieses Siegel" bezeugt die Tatsache, dass der Herr Sein eigenes Volk kennt. Von all den Menschen, die sich als Christen bezeichnen, kennt der Herr diejenigen, die zu Ihm gehören. Deshalb musst du für dich selbst bestimmen, ob du nun ein Christ bist oder nicht. In welchem Maße erlaubst du Jesus, sich durch dich zu offenbaren? Natürlich kann sich Jesus nicht in einem Menschen voll und ganz offenbaren. Die Kirche ist der Leib Christi, und jeder Gläubige ist Teil dieses Leibes. Nur wenn alle Gläubigen der Gemeinde zusammenkommen, wird die Gemeinde zum Leib Christi, der die Harmonie im Leib und die Herrlichkeit Gottes offenbart.

Wenn du dich Christ nennen willst, dann musst du auch in die Gottesdienste der Gemeinde gehen, damit du erleben kannst, wie sich Jesu durch dein Leben offenbart. Nur in der Gemeinde kannst du Jesus besser kennenlernen, und wenn du Ihn besser kennenlernst, dann wirst du auch danach streben, Ihn nachzuahmen und in allem ähnlicher zu werden.

Kapitel 3

Der Jesus, der starb und auferstand

Ich tue euch aber, Brüder, das Evangelium kund, das ich euch verkündigt habe, das ihr auch angenommen habt, in dem ihr auch steht, durch das ihr auch gerettet werdet, wenn ihr festhaltet, mit welcher Rede ich es euch verkündigt habe, es sei denn, dass ihr vergeblich zum Glauben gekommen seid. Denn ich habe euch vor allem überliefert, was ich auch empfangen habe: dass Christus für unsere Sünden gestorben ist nach den Schriften; und dass er begraben wurde und dass er auferweckt worden ist am dritten Tag nach den Schriften;

Korinther 15:1-4

So erinnert uns der Apostel Paulus an das Evangelium. Natürlich kennen wir das Evangelium und wir nehmen es an. Das Evangelium offenbart uns Jesus. Wir erfahren im Evangelium, wer Jesus für uns ist und wer Er durch uns sein will. Paulus schreibt in seinem Brief:

durch das ihr auch gerettet werdet, wenn ihr festhaltet, mit welcher Rede ich es euch verkündigt habe, es sei denn, dass ihr vergeblich zum Glauben gekommen seid.

Korinther 15:2

Mit anderen Worten sagt der Apostel Paulus, dass wir gerettet sind, wenn wir das Evangelium so annehmen, wie es gepredigt wird, es sei denn, wir seien vergeblich zum Glauben gekommen. Was meint er damit?

Denn ich habe euch vor allem überliefert, was ich auch empfangen habe: dass Christus für unsere Sünden gestorben ist nach den Schriften; und dass er begraben wurde und dass er auferweckt worden ist am dritten Tag nach den Schriften;

Korinther 15:3,4

Alles was der Apostel Paulus sagte war, dass Jesus Christus für unsere Sünden starb, begraben wurde und am dritten Tage wieder auferstand. Diese einfache Wahrheit über den Tod Jesu, über Sein

Begräbnis und Seine Auferstehung veränderte die Geschichte der Menschheit.

Diese Wahrheit sollte auch dein Leben verändern. Jeden Tag und jede Stunde solltest du dich daran erinnern und danach leben. Das heißt, dass man Jesu Tod täglich in dir sehen sollte. Das Begräbnis Jesu sollte sich in dir widerspiegeln. Seine Auferstehung muss sich durch dein Leben offenbaren.

Wie offenbart Jesus ganz praktisch Seinen Tod? Wie kannst du Jesu Tod offenbaren? Wie kannst du Sein Begräbnis offenbaren, und wie kannst du Seine Auferstehung offenbaren? Behalte das im Kopf, du musst es richtig verstehen und gemäß dem Tod und der Auferstehung Jesu leben, jeden Tag in deinem persönlichen Leben.

Oder wisst ihr nicht, dass wir, so viele auf Christus Jesus getauft wurden, auf seinen Tod getauft worden sind? So sind wir nun mit ihm begraben worden durch die Taufe in den Tod, damit, wie Christus aus den Toten auferweckt worden ist durch die Herrlichkeit des Vaters, so werden auch wir in Neuheit des Lebens wandeln. Denn wenn wir verwachsen sind mit der Gleichheit seines Todes, so werden wir es auch mit der seiner Auferstehung sein; da wir dies erkennen, dass unser alter Mensch mitgekreuzigt worden ist, damit der Leib der Sünde abgetan sei, dass wir der Sünde nicht mehr dienen.

Römer 6:3-6

Und so sind wir alle Teilnehmer am Tod Jesu. Das bezeugt, dass der Tod Jesu zu unserem Tod und das Leben Jesu zu unserem Leben geworden ist.

Lasst uns diese Punkte genau betrachten.

Erstens. *Jesu Tod muss zu unserem Tod werden.*

Wenn wir Jesus angenommen haben, müssen wir uns selbst sterben. Jeder Mensch, der Jesus in Sein Herz aufnimmt, stirbt. Aber es gibt viele, die in die Kirche gehen und noch nicht Anteil genommen haben am Tode Jesu. Sie haben Jesus angenommen, sie haben Seinen Segen empfangen, aber sie haben Sein Herz nicht gesehen. Das bedeutet, dass sie sich selbst noch nicht gestorben sind. Über was für eine Art von Tod sprechen wir hier? Wir sagen, dass Menschen nicht so bleiben sollten, wie sie waren als sie noch Teil der Welt waren. Jeder sollte in die Gemeinde kommen, um Jesus kennenzulernen, mit Ihm zu leben und dieser Welt zu sterben.

Wenn ein Mensch in die Gemeinde kommt und Buße über seine Sünden tut, dann ändert sich nach dieser Umkehr fast jeder Mensch. Das bedeutet aber noch nicht, dass dieser Mensch seiner Vergangenheit und dieser Welt gestorben ist. Jesus kann einen Menschen aus schlechten Gewohnheiten befreien, das bedeutet aber noch lange nicht, dass dieser Mensch der Welt gestorben ist.

Ein Mensch kommt zu Gott mit guten und schlechten Gewohnheiten und mit Charakterschwächen. Wenn er aber Jesus als seinen Herrn und Erlöser annimmt, erwartet Gott, dass dieser Mensch seinem eigenen Ego stirbt, damit er nie wieder zu seinem alten Lebensstil zurückkehrt.

Deshalb muss der Tod Jesu auch zu unserem Tod werden.

Viele Menschen versuchen, sich selbst zu erhalten und leben gemäß dem Prinzip: „"Ich" und Gott, „Ich" und Jesus, „Ich" und der Besuch des Gottesdienstes, „Ich" und Gebete. Die Bibel aber sagt, dass dieses Verhalten nicht das ist, was Jesus uns tun sehen möchte. Es macht Ihn nicht glücklich, wenn wir uns so verhalten.

Jesus starb, damit alle Menschen, die zu Ihm kommen, auch sich selbst sterben. Jesus gab Sein Leben als einen Samen, damit Er in den Menschen leben kann, die zu Ihm kommen. Wenn ein Mensch der Welt stirbt, wird er auferstehen, und diese Auferstehung wird in Jesus Christus sein.

Was bedeutet das? Es bedeutet, dass die äußere Erscheinung eines Menschen dieselbe bleibt, aber das innere Wesen dieses Menschen verändert sich. Der Geist des Menschen wird wiederbelebt, und Jesus wird für ihn zum Sinn des Lebens.

Gott gebraucht solche Menschen. Es spielt für Gott keine Rolle, ob du ein Mann oder eine Frau bist. Das Wichtigste ist, dass Jesus in dir lebt.

Wenn du der Welt stirbst, wird sich Jesus selbst in dir offenbaren. Erst nachdem du gestorben bist, nachdem dein Ego und dein alter Mensch gestorben sind, wird der auferstandene Jesus in deinem Leben verankert sein. Die Menschen um dich herum werden nur deinen Körper sehen, aber dein innerer Mensch wird eine völlig veränderte Person sein. Sie werden Jesus in dir sehen, und dein Mund wird der Mund Jesu sein, und Er wird beginnen, durch dich zu sprechen. Deine Augen werden die Augen Jesu sein. Deine Hände werden die Hände Jesu sein. Und Er wird beginnen, in dir zu leben und dich zu leiten.

Jesus ging durch furchtbares Leiden, damit jeder Gläubige Ihn (Jesus) im Herzen haben kann. Wenn Jesus beginnt, in dir zu leben, dann wirst du keine Angst haben, für die Kranken zu beten oder das Evangelium zu predigen. Du wirst verstehen, dass nicht du es bist (denn du bist tot), der dies tut, sondern Jesus in dir tut diese Werke. Du musst dich nicht mehr schämen, den Herrn mit Gesang und Tanz zu loben. Es ist den Menschen noch immer peinlich, das zu tun, weil sie ihrem Fleisch noch nicht gestorben sind. Jesus ist jedoch ihr Herr, Er ist ihr Erlöser. Wahre Gläubige tun nur die Dinge, die Gott gefallen. Sie schenken dem, was um sie herum geschieht und was die Leute sagen, keine Aufmerksamkeit. Das meinen wir damit, wenn wir sagen: „Sein Tod ist zu unserem Tod geworden." Wenn du dir selbst stirbst, dann weißt du, dass Jesus dein Heute ist und dass Jesus dein Morgen ist, so dass du dich nicht länger um deine Zukunft sorgen musst. Du wandelst mit Jesus und du lebst mit Ihm. Jesus ist in dir, Er ist Geist, aber kein gewöhnlicher Geist, sondern der Heilige Geist.

Wenn Jesus beginnt, in dir zu leben, dann fängt Er auch an, dich zu verändern: Gott wird dich gebrauchen, um große Dinge zu tun, sogar um die Toten aufzuerwecken. Aber wir müssen immer daran denken, dass nicht wir es sind, die diese Werke tun, sondern Jesus ist es, der in uns lebt.

Lasst uns in die Bibel schauen:

dass ihr, was den früheren Lebenswandel angeht, den alten Menschen abgelegt habt, der sich durch die betrügerischen Begierden zugrunde richtet, dagegen erneuert werdet in dem Geist eurer Gesinnung

und den neuen Menschen angezogen habt, der nach Gott geschaffen ist in wahrhaftiger Gerechtigkeit und Heiligkeit

Epheser 4:22-24

Wir sprechen hier über den alten Menschen. Warum nennen wir ihn alt? Wenn wir „alt" sagen, dann meinen wir damit vergangen, von früher, ehemalig. Demzufolge ist dein alter Mensch deine frühere Persönlichkeit, die zusammen mit Jesus gestorben ist.

Oft versucht der Teufel, deinen alten Menschen durch dein Bewusstsein und deinen Verstand wiederzuerwecken. In diesem Fall musst du die innere Kraft finden, diesen Versuchungen zu widerstehen und nicht zu deinem früheren Leben zurückzukehren. Die Bibel sagt uns, dass wir „den alten Menschen ablegen" sollen.

Denke jeden Tag daran, dass der alte Mensch deine Vergangenheit ist. Und deine Vergangenheit ist schon begraben worden.

Nun ist es notwendig, dass du „im Geist erneuert…" wirst. Das Problem vieler von uns ist, dass wir in das geistliche Reich hinein wiedergeboren wurden, aber wir sind in unserem Bewusstsein noch immer nicht uns selbst gestorben. Deshalb erneuere deinen Geist und denke daran, dass nicht länger du es bist, sondern Jesus ist es, der in dir lebt. Und wenn du anfängst zu sprechen, bist nicht länger du es, der spricht, sondern Jesus spricht durch dich.

Wenn du deine Hände hebst, sind diese Hände Jesu Hände. Wenn du deine Augen öffnest, dann sei dir bewusst, dass das Jesu Augen sind. Das bedeutet „Erneuerung des Geistes".

Wie kann man den Sieg über seine Gedanken und Gefühle erreichen? Es ist wichtig, den „neuen Menschen anzuziehen". Dann wird dein Geist und nicht dein Verstand dich besitzen, und du kannst in dieser Realität leben.

Kannst du sagen, dass Jesus Christus in dir lebt? Wie kannst du das ausdrücken? Du weißt, dass viele Menschen die Sünde bekämpfen und versuchen, sich zu verändern. Du musst einfach anerkennen, dass dein alter Mensch tot ist und jetzt Jesus in dir lebt. Du musst wissen, dass du Jesus nur erlauben musst, sich durch dein Leben zu offenbaren. Diktiere Ihm nicht deinen eigenen Willen, erlaube Ihm, frei in dir zu leben. Wie geht das? Alles was du tun musst, ist Jesus kennenzulernen, zu lernen, wie Er lebte und wie Er sich verhielt. Wenn du deinen Geist erneuern willst, dann lerne Jesus kennen, ahme ihn in allen Dingen nach, dann wird Er beginnen, sich selbst durch dich zum Ausdruck zu bringen.

Jesus ist gerecht, und Seine Gerechtigkeit wird beginnen, durch dich zu strahlen, wenn Jesus in deinem Herzen wohnt. Wenn du Zeichen und Wunder sehen willst, dann musst du Jesus kennenlernen und Ihn nachahmen. Wenn du betest, mache dir bewusst, dass Jesus an deiner Seite ist. Wenn Probleme in deinem Leben auftreten, dann kannst du wissen, dass nicht mehr länger du es bist, der mit diesen Problemen fertig werden muss. Jesus ist es, der sich darum kümmert.

Lasst uns die Reaktionen Jesu in solchen Situationen betrachten. Er war kein Mann vieler Worte. Er sagte nur wenige

Worte, aber er sprach sie aus in der ganzen Autorität, die Ihm gegeben worden war. Genauso musst du dich verhalten. Wenn Probleme auftauchen, die dich entmutigen wollen und es keinen Ausweg zu geben scheint, dann erlaube Jesus, der in dir lebt, deine Probleme zu lösen.

Wir müssen unseren Sinn erneuern, wir müssen die Eigenschaften des neuen Menschen hineinlegen, zu dem wir geworden sind, damit unser Handeln so wie Jesu Handeln sein wird, und dafür müssen wir Ihn immer besser kennenlernen. Wir müssen sein wie Jesus. Jesus muss sich in uns manifestieren. Aus diesem Grund ist Jesus gestorben, damit Er gleichzeitig in jedem von uns wohnen und sich offenbaren kann.

Denke daran, dass Sein Tod zu deinem Tod geworden ist. Lasst uns ehrlich zu uns selbst sein: Wenn du das Gefühl hast, nicht der Sünde gestorben zu sein oder nicht deinem früheren Leben gestorben zu sein, dann geh in dein Zimmer und schließe die Tür. Nimm dir Zeit allein mit Gott und bete zu Ihm: *„Herr, ich möchte ganz sterben. Ich möchte, dass mein alter Mensch stirbt. Ich möchte vergessen, wer ich vorher gewesen war. Ich möchte, dass du, Jesus, beginnst, in mir zu leben. Scheine durch mich, Jesus. Ich gebe mich dir völlig hin, mein Erlöser."*

Wenn ich heute in der Bibel von Jesus lese, dann bin ich mir sicher, dass Er in mir lebt. Ich bin sicher, dass Er in meinem Körper lebt.

Zweitens. *Das Leben Jesu wurde zu unserem Leben.*

So sind wir nun mit ihm begraben worden durch die Taufe in den Tod, damit, wie Christus aus den Toten auferweckt worden ist durch die Herrlichkeit des Vaters, so werden auch wir in Neuheit des Lebens wandeln. Denn wenn wir verwachsen sind mit der Gleichheit seines Todes, so werden wir es auch mit der seiner Auferstehung sein;

Römer 6:4,5

Wir wissen, dass wir mit Jesus verbunden sind. Wir sind denselben Tod gestorben. Die Bibel sagt uns, dass wir ebenso auch in Seiner Auferstehung mit Ihm verbunden sein sollen.

..da wir dies erkennen, dass unser alter Mensch mitgekreuzigt worden ist, damit der Leib der Sünde abgetan sei, dass wir der Sünde nicht mehr dienen

Römer 6:6

Weißt du, was du tun musst, wenn die sündige Natur auf sich aufmerksam macht? Du musst sagen: „*Dort am Kreuz ist mein Fleisch gekreuzigt worden, das Fleisch, das gesündigt hat. Dieses Fleisch ist bereits tot und begraben worden. Nun ist Jesus mein Leben, Er, der alle Menschen liebt, der aber die Sünde hasst. Deshalb hasse ich die Sünde so wie Jesus die Sünde hasst*".

Die Bibel sagt, dass Jesus die Gerechtigkeit liebt, aber die Ungerechtigkeit hasst.

..du hast Gerechtigkeit geliebt und Gesetzlosigkeit gehasst; darum hat dich, Gott, dein Gott gesalbt mit Freudenöl vor deinen Gefährten

Hebräer 1:9

Wenn Jesus in mir lebt, bedeutet das, dass mein wahres „Ich" in Jesus ist. Das bedeutet, dass ich die Sünde hasse. Deshalb sollte ich Jesus bitten, die Sünde durch mich zu hassen. Ich liebe die Gerechtigkeit so wie Jesus die Gerechtigkeit liebt. Mein Leben ist jetzt ein Leben in Jesus. Und ich sorge mich nicht länger darum, was morgen geschehen wird. Wenn ich doch schon tot bin, warum sollte ich mich dann noch sorgen? Nun lebt Jesus in mir, und Er wird für all meine Bedürfnisse sorgen. Wir wissen aus der Bibel, dass Jesus nicht nur für Seine Jünger gesorgt hat, sondern auch 5000 Menschen zu essen gegeben hat. Und derselbe Jesus lebt in mir, und Er wird für all meine Bedürfnisse sorgen. Vielleicht fragst du dich, ob das auch heißt, dass du nicht mehr arbeiten musst. Nein, du musst trotzdem arbeiten. Jesus war kein fauler Mensch, Er arbeitete, Er war Zimmermann. Deshalb lerne Jesus kennen und versuche, so zu sein wie Er. Das Leben Jesu muss jetzt zu deinem Leben werden. Wie ist das Leben Jesu? Es ist ein Leben voller Zeichen und Wunder. Es ist ein Leben voller Heiligkeit und Gerechtigkeit. Es ist auch ein Leben voller Hingabe zum Himmlischen Vater. Wenn du diese Ebene noch nicht erreicht hast, dann solltest du alles tun, was von dir abhängt, um dein altes Ich zu begraben. Lerne Jesus kennen, erlaube Ihm, sich durch dich zu offenbaren. Du solltest dir jeden Tag dieser Wahrheit bewusst sein: Der Tod und die Auferstehung Jesu sind in dir. Sein Tod ist dein Tod. Nun ist dein Leben Sein Leben. Du bist schon tot, du bist nicht länger lebendig, aber Er lebt in dir! Nimm diese Wahrheit in dir auf.

Der Apostel Paulus lebte gemäß dieser Wahrheit:

ich bin mit Christus gekreuzigt, und nicht mehr lebe ich, sondern Christus lebt in mir; was ich aber jetzt im Fleisch lebe, lebe ich im Glauben, und zwar im Glauben an den Sohn Gottes, der mich geliebt und sich selbst für mich hingegeben hat.

Galater 2:20

Was meint er mit „in mir"? Paulus spricht von seinem Fleisch und seinem Körper. Deshalb sagt er, dass nicht er es ist, der lebt, sondern Christus, der in seinem Körper lebt.

Heute lebt Jesus noch immer, und weil Er Geist ist, braucht Er einen irdischen Körper. Diese Welt kann keine Geister sehen, nicht wahr? Deshalb muss Jesus in das Fleisch einkehren, damit Er seine Macht durch die Menschen offenbaren kann. Wenn du jeden Tag zu deinem alten Ich „nein" sagst, wenn du ständig im Glauben bekennst, dass nicht du lebst, sondern Jesus in dir lebt, dann wird sich mehr von Seinem Leben durch dich offenbaren.

Die Menschen, die Gott mächtig gebraucht hat, haben alle diese Wahrheit erkannt. Damit Gott dich gebrauchen kann, ist es nicht notwendig, dass du eine Menge Zeit mit Gebet oder Fasten verbringst. Du musst Jesus einfach nur erlauben, durch dich zu strömen. Je mehr Jesus durch dich zu sehen ist, desto mehr Siege wirst du im Leben erlangen, desto mehr Menschen werden durch dich gerettet, und du wirst das Reich der Finsternis hinaus ins Licht führen.

Warum hatte Paulus so viele Siege in seinem Leben? Es war so siegreich, weil er Jesus erlaubt hatte, Sein Leben durch ihn zu offenbaren. Er sagte: „Ich bin gekreuzigt worden, ich bin nicht länger lebendig", weil Jesus in seinem Körper lebte.

..ich bin mit Christus gekreuzigt, und nicht mehr lebe ich, sondern Christus lebt in mir; was ich aber jetzt im Fleisch lebe, lebe ich im Glauben, und zwar im Glauben an den Sohn Gottes, der mich geliebt und sich selbst für mich hingegeben hat.

Galater 2:20

Und so bekenne Jesus. Er ist immer an deiner Seite. Sein Tod ist auch der Tod deines alten Ichs. Dein gegenwärtiges Leben soll Sein Leben widerspiegeln. Erlaube Jesus, in dir zu leben.

Kapitel 4
Offenbare das Reich Gottes

Ich sage euch aber in Wahrheit: Es sind einige unter denen, die hier stehen, die den Tod nicht schmecken werden, bis sie das Reich Gottes gesehen haben.

Lukas 9:27

Jesus gab eine ungewöhnliche und verwirrende Erklärung ab. Er sagte den Leuten, dass einige von ihnen während ihres irdischen Lebens das Reich Gottes sehen würden.

Wenn ich auch viele Bibelverse verstehen konnte, so war ich doch unfähig, diesen Vers zu verstehen, er verwirrte mich und ich sann darüber nach. Wie du weißt, sind schon 2000 Jahre vergangen, seit Jesus in den Himmel aufgestiegen ist. Diejenigen, die diese Aussage gehört hatten, sind längst tot. Was meinte Jesus damit, als er sagte, dass einige Menschen den Tod nicht schmecken bevor sie das Reich Gottes erfahren würden? Ich hatte es so verstanden, dass das Reich Gottes im Himmel ist oder am Ende dieser Welt kommen würde, wenn Jesus mit Seinen Engeln erscheinen und uns mit in den Himmel nehmen wird.

Und dann sagte Jesus ganz plötzlich, dass einige den Tod nicht sehen werden bis sie das Reich Gottes sehen. Wenn Jesus spricht, dann müssen wir Seinen Standpunkt verstehen und begreifen, was Er mit den Worten, die Er zu uns gesagt hat, meinte.

Und als er von den Pharisäern gefragt wurde: Wann kommt das Reich Gottes?, antwortete er ihnen und sprach: Das Reich Gottes kommt nicht so, dass man es beobachten könnte; auch wird man nicht sagen: Siehe hier! Oder: Siehe dort! Denn siehe, das Reich Gottes ist mitten unter euch.

Lukas 17:20,21

Wie du siehst, hatte ich die Aussage Jesu, wir würden nicht sterben bis wir das Reich Gottes gesehen haben, so verstanden, als spräche Er vom Ende der Welt oder von Seinem Kommen. Jesus sprach allerdings zu den Pharisäern (die glaubten zu wissen, was das Reich Gottes ist). Jesus sagte, dass man das Reich Gottes nicht physisch sehen kann und es nicht so kommen würde wie die Menschen es sich vorstellen. Die Pharisäer dachten, dass Jesus –

der Messias – kommen würde, um ein großes Reich in Israel zu bauen, ähnlich dem Römischen Reich, welches dann Reich Gottes genannt würde, und dass die Hauptstadt dieses Reiches Jerusalem sein würde. Sie glaubten, dass die Juden die ganze Welt beherrschen würden. Aber Jesus sagte zu ihnen, dass das Reich Gottes nicht so kommen würde, wie sie es sich erdachten.

..auch wird man nicht sagen: Siehe hier! Oder: Siehe dort! Denn siehe, das Reich Gottes ist mitten unter euch.

Lukas 17:21

Als Jesus diese Worte sagte, hörten Ihn die Pharisäer und Seine Jünger. Es scheint mir, als hätte Jesus nur Seinen Jüngern, die Ihn angenommen hatten und mit Ihm lebten, gesagt, dass das Reich Gottes in ihnen sei.

In der Bibel heißt es, dass sich überall dort, wo Jesus erschien, überall wohin er ging, das Reich Gottes offenbarte.

Wenn ich aber durch den Geist Gottes die Dämonen austreibe, so ist also das Reich Gottes zu euch gekommen.

Matthäus 12:28

Warum machte Jesus eine so interessante Aussage? Was ist geschehen? Ein von einem Dämon besessener Mann, der blind und taub war, wurde zu Jesus gebracht, weil man von dessen Macht wusste. Und Jesus trieb den Dämon aus. Aber wann auch immer Gott Wunder tut, es wird Skeptiker geben, die diese anzweifeln. Aus diesem Grund sagte Gott zu den Pharisäern, dass sie wie ihre Vorfahren seien, die nicht geglaubt hatten. Sie hatten diesen Unglauben von ihren Vätern geerbt. Die Pharisäer beschuldigten Jesus, den Teufel mit der Macht des Teufels auszutreiben. Jesus antwortete, dass wenn sie wirklich so weise wären wie sie sich versuchten darzustellen, dann hätten sie verstanden, dass es unmöglich ist, einen Teufel mit der Macht des Teufels auszutreiben.

Jesus trieb Dämonen durch den Geist Gottes aus. Jesus vollbrachte alle Wunder durch den Geist Gottes: Er heilte die Kranken, trieb Dämonen aus usw. Deshalb sagte Jesus, dass das Reich Gottes die Menschen erreicht hat, wenn Er diese Dinge durch den Heiligen Geist tut. Die Tatsache, dass das Reich Gottes schon gekommen war, veranlasste Jesus dazu, Dämonen auszutreiben.

Wie du sicherlich weißt, war diese Welt vor dem Kommen Jesu im Besitz des Teufels, und sie wurde von ihm beherrscht. Er übte Herrschaft über diese Welt aus. Er zwang den Menschen seinen Willen auf. Und Gott entschied, dem ein Ende zu setzen und in die Dinge einzugreifen, die auf der Erde geschahen. Er wollte, dass alles so wunderschön und herrlich sei wie im Himmel. Deshalb entschied Gott, Jesus Christus, Seinen eingeborenen Sohn, zu senden, um das Reich Gottes auf die Erde zu bringen. Die Bibel sagt, dass das Reich Gottes Licht ist und das Reich Satans Finsternis.

Wo auch immer Licht erscheint, verschwindet die Dunkelheit. Das geschah beim Kommen Jesu. Jesus sagte, dass Er Dämonen mit dem Geist Gottes austreibe. Das sei der Beweis dafür, dass der Teufel nicht mehr länger das Recht hat, diese Welt zu beherrschen. Deshalb haben die Menschen heute eine Wahl oder Alternative: Sich für das Reich des Lichts oder das Reich der Finsternis zu entscheiden.

Beweis dafür ist, dass Jesus, wohin Er auch ging, die Situation veränderte: Er brachte den Kranken Heilung, Frieden und Ruhe denen, die gebrochenen Herzens waren, und den Gefangenen die Freiheit.

Jesus brachte Liebe überall dorthin, wo Streit und Unfrieden war.

Jesus kam auf die Erde und brachte alles mit, was der Himmel zu bieten hatte. Er tat das, damit auch wir damit beginnen können, schon hier auf der Erde im Reich Gottes zu leben. Gott möchte, dass die Menschen hier auf der Erde ein besseres Leben führen können. Gott möchte nicht, dass wir unser Leben lang leiden und erst später, nach dem Tod, im Himmel Güte erfahren. Jesus kam, um das Reich Gottes hier auf der Erde zu gründen.

Gott liebt die Menschen dieser Welt so sehr, dass Er es nicht erwarten kann, dass wir zu Ihm kommen. Sein Sohn verließ den Himmel und kam hinab, um uns zu begegnen. Als Jesus auf dieser Erde lebte, konnte er nicht gleich mit allen Menschen kommunizieren. Gott entschied, das Reich Gottes nicht in nur einem einzigen Land zu gründen, nicht einfach nur in einem bestimmten Gebiet, sondern es in jedem Gläubigen zu gründen. Deshalb sagte Jesus, dass das Reich Gottes nicht in physischer oder sichtbarer Weise kommen würde. Das Reich ist in jedem

Gläubigen. Das Reich Gottes war in Jesus. Wohin auch immer Er ging, Er nahm das Reich Gottes mit sich. Als Jesus dann in den Himmel zurückkehrte, blieb das Reich Gottes bei uns auf dieser Erde. Jesus hat uns physisch zwar verlassen, aber im Geist blieb Er bei uns. Deshalb können wir Jesus heute als unseren Herrn und Erlöser annehmen. Das Reich Gottes ist überall dort, wo Menschen an Jesus Christus glauben. Wenn Jesus Christus in deinem Herzen wohnt, dann bedeutet das, dass das Reich Gottes in dir ist.

Was ist das Reich Gottes? In der Bibel heißt es:

Denn das Reich Gottes ist nicht Essen und Trinken, sondern Gerechtigkeit und Friede und Freude im Heiligen Geist.

Römer 14:17

Nur das Reich Gottes kann uns Gerechtigkeit, Frieden und Freude geben. Du kannst ohne Gott und außerhalb des Reiches Gottes keine Gerechtigkeit finden. Viele Menschen suchen nach Gerechtigkeit, aber sie werden sie nicht finden.

Gerechtigkeit ist es, was die Menschen brauchen. Oft beschweren sie sich, dass sie ihr Leben lang gearbeitet haben, aber ihre Rente nicht ausreicht, um davon zu leben, dass der Staat ihnen Geld gestohlen hat, so dass es ihre Kinder kaum schaffen, mit ihrem bescheidenen Gehalt durchs Leben zu kommen, oder dass sie gar keine Arbeit haben, keine Wohnung etc. Viele sagen, dass es in der Gesellschaft keine Gerechtigkeit gibt. Höre auf, nach dem zu trachten, was es auf dieser Erde nicht gibt. Es gibt keine Gerechtigkeit in dieser Welt, in der wir leben, denn nur im Reich Gottes kann es Gerechtigkeit geben.

Was also ist das Reich Gottes? Es ist vor allem zunächst einmal Gerechtigkeit, zweitens ist es Frieden und drittens Freude. Gerade heute haben viele Menschen die wichtigsten Dinge nicht – Frieden und Ruhe. Die Bibel sagt:

Dies habe ich zu euch geredet, damit ihr in mir Frieden habt. In der Welt habt ihr Bedrängnis; aber seid guten Mutes, ich habe die Welt überwunden.

Johannes 16:33

Nur in Jesus Christus kann ein Mensch die Fülle des Friedens erleben. Wenn du möchtest, dass deine Familie gelassen und in Frieden leben kann, und du dir das auch für dein persönliches Leben wünschst, dann musst du nach dem Reich Gottes trachten.

Und wenn du im Reich Gottes lebst, dann wirst du von Frieden und innerer Ruhe umgeben sein, ganz egal in was für Lebensumständen du dich gerade befindest. Deshalb sagt Jesus, dass uns diese Welt nur Leid bringt. Das Leid umgibt uns, aber jene, die in Christus sind, werden in Frieden wohnen. Aus diesem Grund sollten sich Christen von den unangenehmen Situationen und Umständen um sich herum nicht entmutigen lassen. Christen leben nicht in der Welt; deshalb haben sie kein Recht, sich mit den Menschen der Welt zu vergleichen. Sie haben Frieden und Gelassenheit in Jesus Christus.

Sie haben das, was Ungläubige nicht haben. Wir müssen dem Herrn dankbar sein für diesen göttlichen Frieden, den Er uns gibt.

Und deshalb ist das Reich Gottes zuerst Gerechtigkeit, dann Frieden und schließlich Freude! Freude! Aus diesem Grund singen und tanzen wir. Wir können immer jubeln, weil die Freude vom Himmel fließt.

Oft kommen Menschen ängstlich und weinend zur Gemeinde, aber verlassen die Gemeinde jubelnd. Wenn Jesus in dir lebt, dann hast du Freude – das Reich Gottes. Wenn du zur Zeit arbeitslos bist, wenn du Probleme mit deinen Kindern hast oder andere Schwierigkeiten, dann mache dir keine Sorgen. Denke daran, dass diese Dinge nur vorübergehend sind. Du weißt, dass du im Reich Gottes lebst. Und das Reich Gottes ist Gerechtigkeit, Frieden und Freude. Das Reich Gottes ist in dir. Das Reich Gottes ist nicht in deinen Umständen, sondern in dir. Umstände können dich beunruhigen, aber in dir ist Gerechtigkeit, Frieden und Freude.

Gott weiß, dass diese Welt das Reich Gottes dringender braucht als alles andere. Das Reich Gottes wird dort gebraucht, wo es Schuld gibt, wo es Ungerechtigkeit gibt, wo es keinen Frieden gibt. Es gibt viel davon in unserer Welt. Was hat Gott also getan?

Als Jesus auf dieser Erde lebte, nahm Er das Reich Gottes mit sich, wohin Er auch ging. Und wo Jesus nicht war, da war auch das Reich Gottes nicht.

Deshalb sagte Jesus, es sei besser für Ihn, zu gehen. Jesus verließ physisch diese Welt, damit jeder einzelne von uns Ihn in seinem Herzen aufnehmen kann. So lebt Jesus nun in unseren Herzen, und das Reich Gottes, das Jesus mit sich trug, ist ebenfalls in uns. Wenn das Reich Gottes in jedem Christen ist, dann werden alle Früchte des Reiches Gottes durch einen jeden Christen hervorgebracht werden. Du siehst, dass Jesus mit dem Geist Gottes Wunder vollbracht und Dämonen ausgetrieben hat. Der Geist wohnte in Seinem Fleisch. Gerade jetzt lebt derselbe Geist in deinem Fleisch. Und nicht du bist es, der die Werke Jesu tun wird, es ist der Geist Gottes. Der Geist wird dich und dein Fleisch gebrauchen. Jeder Christ muss sich bewusst sein, dass er im Reich Gottes lebt. Und damit dies geschehen kann, muss jeder Christ wissen, wie Jesus das Reich Gottes offenbart hat.

Und Jesus zog umher durch alle Städte und Dörfer und lehrte in ihren Synagogen und predigte das Evangelium des Reiches und heilte jede Krankheit und jedes Gebrechen.

Matthäus 9:35

Die **erste** Offenbarung des Reiches Gottes geschah durch die Predigt des Evangeliums. Jesus lehrte und predigte, und auch wir müssen das Reich Gottes lehren und offenbaren. Wir sind dazu berufen, das Reich Gottes zu predigen, weil Jesus in unseren Herzen lebt. Wenn du dir das bewusst machst, dann wirst du Kühnheit und starken Glauben erlangen, die Salbung wird immer auf dir sein.

Die **zweite** Offenbarung, durch die Jesus das Reich Gottes demonstrierte, war die Heilung:

Und Jesus zog umher durch alle Städte und Dörfer und lehrte in ihren Synagogen und predigte das Evangelium des Reiches und heilte jede Krankheit und jedes Gebrechen.

Matthäus 9:35

Krankheit und Leiden kommen weder von Gott noch vom Reich Gottes. Gott zerstört Krankheit und bringt den Menschen die Gesundheit zurück. Die Bibel sagt, dass Jesus überall hinging und Menschen heilte. Genau jetzt ist das Reich Gottes in deinem Herzen. Jesus wohnt in deinem Herzen, was bedeutet, dass du Menschen heilen kannst. Der Geist in dir ist es, der durch dich heilt. Denke daran, dass nicht du es tun wirst, sondern der Geist Gottes, der in dir wohnt. Der Geist, der in dir wohnt, tat dasselbe durch Jesus. Er wird es auch durch dich tun.

Jesus ist in dir und um dich herum. Er sagt, dass Er dich bei deiner rechten Hand hält. (Jesaja 45:1). Du kannst deinen Kopf an Seine Brust legen. Du kannst Ihm dein Herz öffnen, und Er wird dich trösten.

Er versteht, durch was du gerade gehst. Er ist dein dir nahestehender Freund, Er steht dir noch näher als deine Familie. Du kannst Ihm völlig vertrauen, weil Er dich nie verlassen wird. Er wird Seine Liebe auf dich ausgießen, deshalb liebe Jesus, lobe Ihn und verherrliche Ihn.

Jesus wohnt in uns, damit wir Gerechtigkeit, Frieden und Freude in das Leben anderer bringen können. Dann werden wir andere vielleicht mit einem Lächeln segnen und Glück in ihr Leben bringen, jemanden mit Leben segnen oder von Gott gebraucht werden, um jemanden zu heilen.

Die **dritte** Offenbarung des Reiches Gottes wurde durch das Austreiben von Dämonen demonstriert. Jesus trieb Dämonen aus, und auch du kannst sie durch den Heiligen Geist, der in dir wohnt, austreiben. Du musst ihnen nicht nachjagen… Falls du in Kontakt mit einem Dämon kommen solltest, dann denke nicht mehr länger an dich selbst, sondern lasse Jesus, der in dir lebt, sich darum kümmern. Gibt ihm die Chance, den Dämon zurechtzuweisen. Sei wie Jesus. Er würde sagen: „Du unreiner Geist, fahre aus ihm aus", und der Dämon würde gehorchen.

Die **vierte** Offenbarung des Reiches Gottes wurde demonstriert, indem dessen Kraft eingesetzt wurde, um die Umstände zu beherrschen. Denke an die Erzählung in der Bibel, als die Jünger Jesu Angst vor dem Sturm hatten, während sie mit Jesus im Boot saßen. Jesus stand auf, gebot dem Sturm und dieser beruhigte sich. Jesus hat die Macht über die Natur und dessen Gesetze. Du kannst das Reich Gottes in derselben Weise offenbaren, weil derselbe Jesus in dir lebt.

Ich erzähle dir ein Beispiel. Eine Dame reiste geschäftlich nach Nikolaev, eine Stadt in der Ukraine. Es hatte in dieser Stadt seit über drei Jahren nicht mehr geregnet. Ihre Freunde wussten, dass sie Christin war, so baten sie sie, zu Gott zu beten, dass Er dieser Stadt Regen schenken möge. Weißt du, was passierte? Sie betete, und drei Tage später begann es zu regnen. Diese Frau betete im Glauben, dass Gott ein Wunder durch sie tun möge. Sie wusste, dass sie eine Vertreterin des Reiches Gottes ist. Wenn wir im Reich Gottes leben, dann können wir unglaubliche Wunder tun.

Die **fünfte** Offenbarung wurde durch Jesus demonstriert, indem er die Toten auferweckte. Auch du wirst von den Toten auferstehen, wenn du stirbst bevor Jesus wiederkommt. Wir alle werden von den Toten auferstehen. Wenn wir sterben, dann werden wir die Macht über den Tod haben, aber viele von uns werden nicht sterben. Jesus sagte, dass einige von denen, die jetzt hier stehen, den Tod nicht sehen werden, bevor sie das Reich Gottes geschmeckt haben, das in Kraft kommen wird. Als Jesus das sagte, meinte er, dass sie das Reich Gottes noch während ihres Lebens auf der Erde sehen werden. Du wirst das Reich Gottes nicht nur sehen, sondern dieses Reich wird sich durch dich offenbaren.

Jesus weckte die Toten auf. Auch du kannst das tun, wenn dich der Heilige Geist dazu auffordert, für die Toten zu beten. Habe keine Angst davor, denn der Geist Gottes, der Tote auferweckt, lebt in dir. Deshalb solltest du niemals zurückschauen, wenn du mit Problemen oder schwierigen Umständen konfrontiert bist, Erlaube Jesus, der in dir lebt, sich zu offenbaren. Und wenn Er Seine Macht offenbart, wird alles möglich sein, sogar die Dinge, die für unmöglich gehalten werden.

In dir lebt der Geist Jesu, deshalb sollte sich die Kraft Seines Geistes durch deine Worte offenbaren. Sein Geist treibt Dämonen aus, heilt und tut Wunder.

...und meine Rede und meine Predigt bestand nicht in überredenden Worten der Weisheit, sondern in Erweisung des Geistes und der Kraft

1.Korinther 2:4

Das Reich Gottes ist in dir, deshalb erlaube es dem Reich Gottes, diese Macht zu demonstrieren.

Kapitel 5

Sich an Jesus ärgern

Und glückselig ist, wer sich nicht an mir ärgern wird!

Matthäus 11:6

Jesus sagte, dass sich ein Mensch nicht an Ihm ärgern sollte. Jesus wurde nicht auf die Erde geschickt, damit sich Menschen an Ihm ärgern. Jesus verließ den Himmel, diesen wundervollen Ort, um auf diese Erde zu kommen und die Menschen zu retten. Aber die Welt ist noch immer voller unerretteter Menschen. Glaubst du, dass diese Menschen nicht gerettet sind, weil sie noch nichts von Jesus gehört haben?

Nein, sie haben schon viele Male von Jesus gehört.

Ja, viele Menschen hören von Jesus, sie feiern Weihnachten, Taufen, Ostern und andere religiöse Feiertage, aber sie sind nicht gerettet. Ist das nicht paradox? Warum ist das so? Diese Menschen glauben, dass sie etwas über Jesus wissen, aber sie kennen Ihn nicht persönlich, und sie sind aus einem Grund nicht gerettet – sie ärgern sich an Jesus.

Das war das wahrhaftige Licht, das, in die Welt kommend, jeden Menschen erleuchtet. Er war in der Welt, und die Welt wurde durch ihn, und die Welt kannte ihn nicht. Er kam in das Seine, und die Seinen nahmen ihn nicht an.

Johannes 1:9-11

Die Bibel sagt, dass „Er in das Seine" kam, zu den Juden, aber diese nahmen Ihn nicht an. Warum nahmen sie Ihn nicht an? Weil sie sich an Jesus ärgerten. Die Bibel sagt uns, dass das Licht auf die Erde schien, und dass die Menschen aus der Finsternis herauskommen müssen in das strahlende Licht ihrer Erlösung. Leider kann nicht jeder das Licht sehen. Warum nicht? Weil sich mancher Mensch an Jesus ärgert. Die Bibel sagt, dass es Menschen gibt, die Ohren haben, aber nicht hören, die Augen haben, aber nicht sehen. Sie hören das Evangelium nicht. Selbst wenn sie das Evangelium hören, können sie es nicht verstehen. Diese Menschen ärgern sich an Jesus. Jesus wusste, dass der Mensch gesegnet ist, der sich nicht an Ihm ärgert.

Und deshalb sagt uns die Bibel, dass das wahre Licht schon erschienen ist. Gott sah, dass die ganze Welt im Dunkeln liegt. Dann sandte Er Sein Licht, das wahre Licht, das auf jeden Menschen scheint, der in diese Welt kommt. Und Sein Name ist Jesus. Aber anstatt das von Gott gesandte Licht anzunehmen, welches Jesus Christus ist, verachteten die Menschen Ihn. Die Menschen denken, dass Jesus nur eine historische Persönlichkeit war, dass Er nur ein Prophet war, dass Er nur ein Weg zu einem rechtschaffenen Leben ist. Das bedeutet, sich an Jesus zu ärgern. Viele Menschen wurden in ihrer Kindheit getauft, und sie kennen Jesus nicht. Was bedeutet das? Es bedeutet, dass sie sich an Jesus ärgern.

Es gab eine Zeit, da kannte ich Jesus nicht als meinen Erlöser. Ich hörte in der Schule von Ihm, ich las in der Bibel über Ihn, aber Sein Licht erleuchtete mich noch nicht. Später empfing ich dann die Erlösung. Jesus setzte mich von meinen Sünden frei, aber ich wusste nicht, dass Gott für mich noch mehr Licht bereithielt. Ich hatte den Heiligen Geist noch nicht empfangen. Einige Zeit später wurde ich dann im Heiligen Geist getauft. Dennoch wandelte ich nicht im Licht Gottes. Irgendwie wusste ich nicht, dass Er Zeichen und Wunder durch mich tun konnte. Das war deshalb so, weil ich mich an Jesus ärgerte.

Sich an Jesus ärgern…wie oft ärgern sich die Menschen an Jesus? Zum Beispiel dann, wenn du in Kontakt mit einem kranken Menschen kommst und Angst hast, für diesen zu beten. Du hast deshalb Angst, weil du daran zweifelst, ob Er geheilt werden wird oder nicht. Warum? Du zweifelst. Jesus sagte, dass wir den Kranken die Hände auflegen werden, und sie werden geheilt. Jesus sagte das, aber du zweifelst noch immer… das bedeutet, sich an Jesus zu ärgern. Aus diesem Grund sagte Jesus: „Glückselig ist, wer sich nicht an mir ärgern wird."

Wenn Jesus uns sagt, dass wir in alle Welt hinausgehen und das Evangelium allen Völkern predigen sollen, dann zweifle nicht und schäme dich nicht, das zu tun, mache dir keine Gedanken, was andere über dich denken könnten. Wenn du dich nicht so verhältst, dann ärgerst du dich an Jesus. Glückselig ist aber, wer sich nicht an Ihm ärgert.

Denke daran, dass dich jedes Ärgern von Jesus trennt, von den Dingen, die Er dir geben möchte. Die Bibel sagt:

Er war in der Welt, und die Welt wurde durch ihn, und die Welt kannte ihn nicht.

Johannes 1, 10

Warum kannte die Welt Ihn nicht? Weil sich die Welt an Jesus ärgerte. Die Welt begann zu denken, dass Jesus Religion ist. Aber Jesus ist keine Religion, Jesus ist der Weg zu Gott, dem Vater. Jesus ist Erlösung.

Der Glaube an Jesus, Ihn anzunehmen als das, was Er ist, und völlige Zustimmung zu dem, was Er sagt, gibt uns das Recht, das zu haben, was Er hatte, und das zu tun, was Er tat. Höre auf Jesus und auf das, was Er sagt. Wenn Jesus sagt, dass Er dir die Macht gibt, Dämonen auszutreiben, dann glaube, dass das wahr ist. Wenn Er dir sagt, dass du hinausgehen und predigen sollst, gehe und tu, was Er dir gesagt hat! Ärgere dich nicht an Jesus.

Jesus spricht zu ihnen: Habt ihr nie in den Schriften gelesen: "Der Stein, den die Bauleute verworfen haben, dieser ist zum Eckstein geworden; von dem Herrn her ist er dies geworden, und er ist wunderbar in unseren Augen"? Deswegen sage ich euch: Das Reich Gottes wird von euch weggenommen und einer Nation gegeben werden, die seine Früchte bringen wird. Und wer auf diesen Stein fällt, wird zerschmettert werden; aber auf wen er fallen wird, den wird er zermalmen.

Matthäus 21:42-44

Du weißt, dass Jesus der Eckstein ist. Gott setzte diesen Stein an seinen Platz.

Oft gestalten wir unser Leben so, wie wir es wollen und vergessen dabei den Eckstein. Ein Mensch, der den Eckstein ablehnt, sein Leben aus eigener Kraft aufbaut und sich dabei auf seine eigene Intelligenz verlässt, wird schließlich auf diesen Stein fallen und zerschmettert werden. Wir müssen deshalb immer wieder daran denken, dass Gott diesen Stein für die Erlösung derer gesetzt hat, die zu Ihm kommen. Der Eckstein, welcher Jesus Christus ist, wurde nicht gesetzt, um zu verdammen, sondern um zu erlösen.

Deswegen sage ich euch: Das Reich Gottes wird von euch weggenommen und einer Nation gegeben werden, die seine Früchte bringen wird. Und wer auf diesen Stein fällt, wird zerschmettert werden; aber auf wen er fallen wird, den wird er zermalmen.

Matthäus 21:43

Das Evangelium wurde anderen Nationen gepredigt lange bevor es uns gab. Der Eckstein wurde anderen Nationen angeboten, vor allem dem jüdischen Volk. Du erinnerst dich bestimmt daran, dass Jesus Seinen Jüngern bei ihrer Aussendung sagte, dass sie zu den verlorenen Schafen Israels gehen sollen und nicht zu den Heiden. Die jüdische Nation war die erste Nation, der der Eckstein angeboten wurde. Jedes Mal, wenn jemand diesen Stein ablehnt, findet Gott jemand anderen, dem Er diesen Stein anbieten kann.

Es gibt eine Berufung, die Gott einem jeden von uns gibt. Jedes Mal, wenn du das ablehnst, was Jesus dir anbietet, findet Gott sofort jemand anderen, dem Er es geben kann.

Als Jesus in Jerusalem eintraf sagte Er, dass die Steine aufstehen und Ihn loben werden, wenn es Seine Auserwählten nicht mehr tun. Deshalb wird das Reich Gottes der Nation, die den Eckstein nicht annimmt und ihn stattdessen ablehnt, weggenommen werden und der Nation gegeben werden, die Frucht für das Reich Gottes einbringt.

Uns wurde angeboten, das Reich Gottes hier auf der Erde zu bauen. Nun bauen wir unser Leben auf dem Eckstein auf, welcher Jesus ist. Wir glauben, dass wir, nachdem wir Jesus angenommen haben, sofort gerettet sind. Wir sind uns sicher, dass wir uns nicht an Jesus ärgern und daher gesegnet sind. Wenn du dich nicht an Jesus ärgerst, dann baust du dein Haus und dein Leben auf diesen Eckstein auf, und du wirst die Frucht des Reiches Gottes hervorbringen. Jedes Mal, wenn Gott einen Menschen rettet und Ihm Jesus Christus anbietet, bietet Er Ihm den Eckstein an. Er erwartet von dir, dass du ein stabiles Haus auf diesem Stein aufbaust und ein wahrer Christ wirst, damit die Früchte und Gaben des Reiches Gottes durch dich hervorgebracht werden können.

Manchmal gehen Menschen zur Kirche, und alles scheint gut zu laufen. Sobald sie aber aufhören, Frucht für das Reich Gottes hervorzubringen, fallen sie zurück. Du fängst an dich zu fragen, warum diese Person nicht mehr länger zum Gottesdienst kommt. Sie wurde gerettet, warum sieht man sie nicht mehr? Die Antwort ist einfach: Diese Person bringt nicht die Frucht des Reiches Gottes hervor. Und wir wissen aus der Bibel, dass das Reich Gottes denen weggenommen werden wird, die keine Frucht bringen.

Die Bibel spricht davon, wie Jesus das Reich Gottes gründete und die Frucht des Heiligen Geistes hervorbrachte. Er predigte das Evangelium, heilte die Kranken, trieb Dämonen aus und lenkte die übernatürlichen Kräfte. Er gebot dem Sturm und dieser verschwand. Er ging auf dem Wasser. Er weckte die Toten auf. Wie konnte Er diese Dinge tun? Es konnte sie tun, weil er das Reich Gottes in sich trug. Wenn Jesus in dir lebt, dann kannst auch du das Reich Gottes in dir tragen.

Jesus lebt in dir. Und alles das, was Er auf der Erde getan hatte, möchte er weiterhin durch dich tun. Nicht du bist es, der diese Dinge tun wird. Alles das wird Jesus, der in dir wohnt, durch dich tun. Du weißt, dass er in dir und in deinem Körper wohnt. Jesus ist das Haupt des Ecksteins. Er offenbart Seine Macht durch dich, Er erweist Seine Kraft durch dich.

Du solltest immer die Gegenwart Gottes spüren und mit Ihm wandeln. Lass Ihn sich voll und ganz durch dich offenbaren.

Die Bibel sagt uns:

Denn das Reich Gottes ist nicht Essen und Trinken, sondern Gerechtigkeit und Friede und Freude im Heiligen Geist.

Römer 14,17

Hast du Gerechtigkeit, Frieden und Freude in dir? Wenn nicht, dann gehe in dein Zimmer, schließe die Tür und bitte Jesus, damit zu beginnen, das Reich Gottes durch dich zu offenbaren. Dann wirst du anfangen, Frucht hervorzubringen.

Die Bibel sagt:

Ich bin der wahre Weinstock, und mein Vater ist der Weingärtner. Jede Rebe an mir, die nicht Frucht bringt, die nimmt er weg; und jede, die Frucht bringt, die reinigt er, dass sie mehr Frucht bringe.

Johannes 15:1,2

Die Weinreben sind die Gläubigen, du und ich - dann wenn du in die Gemeinde gehst, mit Gott ins Reine kommst und anfängst, Frucht hervorzubringen. Menschen sollten durch dich Gerechtigkeit annehmen können, deine Worte sollten den Menschen Frieden bringen, und deine Predigt und Lehre des Wortes Gottes sollte andere dazu ermutigen, das Wort Gottes zu studieren. Menschen sollten durch dich geheilt und von Dämonen befreit werden, und Umstände sollten sich durch dich verändern. Du wirst in der Lage sein, diese Dinge zu tun, nicht weil du physische Kraft hast, sondern weil der Allmächtige in dir lebt. Der,

der in dir lebt, in größer als der, der in der Welt ist. Aber derjenige, der keine Frucht bringt, wird abgeschnitten werden.

Du kannst an deinem Arbeitsplatz Frucht bringen. Du kannst die Gerechtigkeit, den Frieden und die Freude mit anderen teilen. Du kannst sie zum Herrn führen. Egal wo du bist, du kannst Frucht bringen.

Lasst uns in die Bibel schauen.

Und sie ärgerten sich an ihm. Jesus aber sprach zu ihnen: Ein Prophet ist nicht ohne Ehre, außer in seiner Vaterstadt und in seinem Haus. Und er tat dort nicht viele Wunderwerke wegen ihres Unglaubens.

Matthäus 13:57,58

Jesus kam in Seiner ganzen Kraft, in Seiner ganzen Salbung und mit Seiner ganzen Gnade, die Er von Gott, dem Vater, empfangen hatte, um Menschen freizusetzen, die Kranken zu heilen und die Frucht des Reiches Gottes in Seiner eigenen Stadt zu offenbaren – in Nazareth. Weil Er aber aus Nazareth stammte, ärgerten sich die Nazarener an Ihm. Sie sagten, dass sie Ihn kennen. Sie dachten, Er sei genauso wie sie, und sie ärgerten sich an Ihm; sie waren an Ihn gewöhnt, weil sie es gewohnt waren, Ihn zu sehen. Er war nur ein gewöhnlicher Mensch wie sie auch; er arbeitete als Zimmermann unter ihnen. Sie konnten sich nicht vorstellen, dass ein Zimmermann plötzlich der Messias sein kann. Das war nicht real für sie (sie konnten es nicht glauben).

Lass also nicht zu, dass auch dir so etwas passiert. Verachte Jesus nicht, gewöhne dich nicht an Ihn, an Seine Werke, an Seine Wunder und an Sein Wort. Betrachte alles das, was Er tut, mit Wertschätzung. Wenn du das nicht tust, dann ärgerst du dich an Jesus. Weil man sich in Nazareth an Jesus ärgerte, konnte Er dort keine Wunder tun. Gewöhne dich nicht an die Werke des Herrn. Ehre Ihn stets. Ärgere dich nicht an Jesus. Jedes Mal, wenn du dich an Jesus ärgerst, bindest du Ihm die Hände und Er wird machtlos in deinem Leben. Die Bibel sagt, dass derjenige gesegnet ist, der sich nicht an Jesus ärgert. Vertraue Ihm in allem. Sei von Ihm inspiriert.

Gewöhne dich nicht an Jesus, stehe Ihm nicht gleichgültig gegenüber.

Du bist es z. B. gewöhnt zu beten, bevor du zum Gottesdienst gehst oder bevor du mit deinem Dienst beginnst, du hast gefastet, damit Gott durch dich etwas bewegen kann. Und jetzt sagst du, dass du es gewöhnt bist, alles durch Gottes Gnade zu empfangen. Du hast es nicht mehr nötig, so intensiv zu beten. Das bedeutet, sich an Jesus zu ärgern. Mache diese Fehler nicht. Ehre Jesus und glaube alles, was Er sagt. Vertraue und glaube Ihm, und Er wird durch dich wirken. Er wird das durch dich tun, was Er durch Seine Jünger und Seine Aposteln getan hat. Ärgere dich nicht an Jesus, und sei ein gesegneter Mensch. Es ist ein Segen, gesegnet zu sein!

...viele ihn aber aufnahmen, denen gab er das Recht, Kinder Gottes zu werden, denen, die an seinen Namen glauben;

Johannes 1:12

Die Welt ärgerte sich an Jesus und sah Sein Licht nicht. Die Welt liegt noch immer in der Dunkelheit. Aber diejenigen, die das Licht sehen, empfangen die Kraft, Gottes Kinder zu sein. Sie werden gesegnet genannt. Jesus kam zu den Juden, aber sie nahmen ihn nicht auf. Sie ärgerten sich an Jesus. Aber die, die Ihn annahmen, die an Ihn glaubten, begannen zu predigen und die Zeichen und Wunder des Reiches Gottes zu sehen.

Gesegnet ist, wer sich nicht an Jesus ärgert. Wenn du dich nicht ärgerst, wenn du an Jesus glaubst, dann bist du gesegnet. Du wirst das empfangen, was Er für dich bereitet hat. Du wirst beginnen, die Segnungen und die Freude, die Er gibt, zu erfahren. Du wirst beginnen, das zu tun, was Er getan hat. Menschen werden beginnen, dir zu folgen, um das Wort des Lebens und das Wort der Wahrheit zu hören. Menschen werden errettet und geheilt werden. Du wirst Dämonen austreiben. Du wirst beginnen, das Reich Gottes zu verbreiten.

Kapitel 6
Wozu der christliche Glaube?

> *Und er hat aus einem jede Nation der Menschen gemacht, dass sie auf dem ganzen Erdboden wohnen, wobei er festgesetzte Zeiten und die Grenzen ihrer Wohnung bestimmt hat, dass sie Gott suchen, ob sie ihn vielleicht tastend fühlen und finden möchten, obwohl er ja nicht fern ist von jedem von uns.*
>
> Apostelgeschichte 17:26,27

Die Bibel sagt uns also, dass Gott alle Nationen dieser Erde aus einem einzelnen Menschen gemacht hat. Wenn die Menschen auch in verschiedenen Ländern und unter verschiedenen Regierungen leben, so stammen sie doch alle von einem Menschen ab. Die Menschen haben verschiedene Hautfarben und verschiedene Haarfarben, aber sie haben alle dieselbe Abstammung. Gott machte uns aus einem Menschen und legte die Grenzen und Lebensräume für die einzelnen Nationen fest. Und Er bestimmte die Zeit für jede Nation, die Zeit, in der jede von ihnen dem wahren Gott begegnen wird. Alle Nationalitäten und Stämme wurden aus einem Menschen geschaffen, und dann wurden Grenzen festgelegt, innerhalb derer die einzelnen Nationen leben sollten. Auf diese Weise hat Gott alles bestimmt.

> *…dass sie Gott suchen, ob sie ihn vielleicht tastend fühlen und finden möchten, obwohl er ja nicht fern ist von jedem von uns.*
>
> Apostelgeschichte 17:27

„Obwohl er ja nicht fern ist von einem jedem von uns…" Gott - Er ist Geist und Er ist allgegenwärtig. Wenn du deine Augen schließt, dann kannst du dir vorstellen, dass Jesus an deiner Seite ist. Er ist gerade jetzt da.

Gott verstreute die Nationen über die ganze Erde und gab ihnen eine Aufgabe – nach Ihm zu suchen. Deshalb gibt es so viele verschiedene Religionen. Nachdem Gott den Menschen geschaffen hatte, Adam, kommunizierte Er mit Ihm. Der Mensch fiel in Sünde, und danach begannen die Menschen, so zu leben wie sie wollten, obwohl sie noch immer in einem einzigen Gebiet lebten. Gott verstreute sie dann in verschiedene Gebiete. Danach machten sie den Versuch, den Turm zu Babel zu bauen. Gott gab ihnen dann unterschiedliche Sprachen, versetzte sie in verschiedene Gebiete und passte jedes Volk den Bedingungen dessen spezieller Umgebung an. Er gab ihnen nur eine Aufgabe – nach Gott zu suchen.

Und nun sind alle Nationen der Welt, sogar die Stämme mit dem niedrigsten Intellekt, in einem Ziel vereinigt – nach Gott zu suchen und Ihn zu finden. Aber sie taten das ohne jegliches Verständnis oder Wissen um den Lebendigen Gott. Da sie alle an verschiedenen Orten, von einander entfernt, lebten, fand ein jeder Gott in unterschiedlicher Form. Manche hielten den Mond für ihren Gott, für andere war es die Sonne, und wieder andere fanden einen menschlichen Helden und machen ihn zu ihrem Gott. Das erklärt die Entstehung anderer Religionen bevor Jesus Christus in die Welt kam.

Gott legte das Verlangen, nach Gott zu suchen, in jeden einzelnen Menschen. Das nennt man das Gewissen. Es lässt den Menschen spüren, dass er Gott braucht. Durch all die Jahre leitete Gott die Menschen durch ihr Gewissen. Die Menschen versuchten, ihren Göttern mit ihrem Tun zu gefallen.

Solche Menschen taten nichts, womit sie sich ihrem Gott widersetzten. So begannen die Menschen jeder Religion, nach Gott zu suchen.

Die Menschen erkannten, dass je besser sie sich benahmen, desto rechtschaffener würden sie werden, und auf diese Weise würden sie ihrem Gott näherkommen. So entstanden die Rituale. Heute können wir verstehen, woher die Vorstellung kam, dass gute Werke uns retten.

Die Menschen gaben ihr Bestes, um auf diesem Gebiet erfolgreich zu sein. Jemand entdeckte die Meditation, damit man der Realität entfliehen kann und vor schlechtem Handeln und der Sünde bewahrt bliebe. Menschen glauben, dass je weiter sie sich von der Sünde entfernen können, desto näher kommen sie ihrem Gott und stellen ihn zufrieden.

So ist es möglicherweise das Endziel vieler Religionen, die Menschheit besser zu machen. Diese Religionen versuchen, die menschliche Rechtschaffenheit auf eine höhere Ebene zu bringen. Was den christlichen Glauben angeht, so ist die Rechtschaffenheit allerdings nur das Ergebnis der Wiedergeburt und Errettung. Gott hat den christlichen Glauben nicht geschaffen, um die Menschen nett und freundlich zu machen und ihnen Moral beizubringen. Wenn es z. B. für uns als Gemeinde das Ziel wäre, den Menschen Rechtschaffenheit zu lehren, was würde uns dann vom Islam und Buddhismus unterscheiden? Der Islam und der Buddhismus wollen mit ihrer Lehre den Menschen vollkommen machen.

Viele Menschen glauben, dass sie in den Himmel kommen und Gott finden, indem sie rechtschaffen leben. Der Islam z. B. sagt, dass je mehr ein Mensch sich selbst opfert, desto mehr stellt er Gott zufrieden. Der Islam vertritt die Auffassung des heiligen Krieges. Wenn ein Mensch während dieses Krieges im Namen Gottes tötet oder selbst getötet wird, oder im Namen Gottes Sünde begeht und dabei getötet wird, dann bedeutet das, dass dieser Mensch selbstverständlich in den Himmel kommt. Die Moslems glauben, dass sie gerettet werden, wenn sie ihrer Ansicht nach gute Werke im Namen Gottes tun.

Was ist das Ziel des christlichen Glaubens? Wie unterscheidet sich dieses von den Zielen anderer Religionen? Der christliche Glaube besagt, dass Werke einen Menschen nicht retten können.

Es steht geschrieben, dass die Werke des Gesetzes niemanden retten können.

Denn aus Gnade seid ihr gerettet durch Glauben, und das nicht aus euch, Gottes Gabe ist es; nicht aus Werken, damit niemand sich rühme.

Epheser 2:8,9

Gott sah das Elend des Menschen und dessen Unfähigkeit, die verlorene Beziehung zu Gott wieder herzustellen.

Deshalb entschied Gott, selbst die Beziehung zum Menschen wiederherzustellen, und zahlte den Preis mit dem Leben Seines eingeborenen Sohnes, Jesus Christus. Das vergossene Blut Jesu Christi wäscht alle Sünde hinweg, ohne dass der Sünder dafür leiden oder gute Werke tun müsste. Das nennt sich Gnade, unverdiente Barmherzigkeit. Alles was der Sünder tun muss, ist an das Erlösungsopfer Jesu Christi zu glauben und Ihn in Sein Herz aufzunehmen, dann ist die Beziehung zu Gott automatisch wieder hergestellt.

...hat er aber nun versöhnt in dem Leib seines Fleisches durch den Tod, um euch heilig und tadellos und unsträflich vor sich hinzustellen, sofern ihr im Glauben gegründet und fest bleibt und euch nicht abbringen lasst von der Hoffnung des Evangeliums, das ihr gehört

habt, das in der ganzen Schöpfung unter dem Himmel gepredigt worden ist, dessen Diener ich, Paulus, geworden bin.

Kolosser 1:22,23

Von diesem Moment an sieht Gott den Sünder als heilig und aus Seiner Sicht makellos an.

Gute Werke sind das Ergebnis der wiederhergestellten Beziehung zu Gott, dem Vater. Die guten Werke an sich bringen uns nicht näher zu Gott, der selbst vollkommen ist. Das Blut Jesu Christi reinigt den Sünder und macht ihn so rein als hätte er niemals gesündigt. Tatsache ist, dass egal wie rechtschaffen und moralisch ein Mensch ist, er kann sich vor Gott nicht rechtfertigen. Nur das Blut Jesu Christi gibt dem Menschen Zugang zur Gegenwart Gottes. Dadurch sieht Gott, der Vater, nicht den sündigen Menschen, sondern die Gerechtigkeit Jesu Christi, welchen dieser Mensch angenommen hat als er durch Christi Blut gereinigt wurde. Die Sündhaftigkeit des Menschen ist auf das Kreuz Jesu übertragen worden.

Den, der Sünde nicht kannte, hat er für uns zur Sünde gemacht, damit wir Gottes Gerechtigkeit würden in ihm.

Korinther 5:21

Deshalb konnte Jesus kühn erklären:

Jesus spricht zu ihm: Ich bin der Weg und die Wahrheit und das Leben. Niemand kommt zum Vater als nur durch mich.

Johannes 14:6

Das Christentum als Religion entstand, nachdem Jesus auf der Erde gelebt hatte, und wurde zur Fortsetzung Seines Lebens. Deshalb sind viele der Weltreligionen älter als das Christentum. Diese Religionen wollten sich mit ihren ungewöhnlichen Handlungen nach Gott ausstrecken, mit ihren Ritualen und guten Werken. Weil die Heiden Gott noch nicht gesehen hatten, versuchten sie, sich Ihn vorzustellen und suchten Ihn durch Abbilder, Bilder und Skulpturen. Das Judentum (aus dem das Christentum hervorging) versuchte, Gott durch Gebote zu erreichen. Gott gab Moses die zehn Gebote. Diese Gebote waren dazu bestimmt, das Handeln und die Werke des jüdischen Volkes zu bestimmen. Das bedeutete, dass ihre Errettung von ihren Werken abhängig war. Die Zehn Gebote bestimmten, was ein Mensch tun durfte und was er nicht tun durfte. Heute bedeutet der christliche Glaube nicht, dass man nur nach den zehn Geboten lebt. Nachdem Jesus in die Welt gekommen war, hatte sich die Situation verändert:

Da wir nun Gottes Geschlecht sind, sollen wir nicht meinen, dass das Göttliche dem Gold und Silber oder Stein, einem Gebilde der Kunst und der Erfindung des Menschen, gleich sei.

Apostelgeschichte 17:29

Zu der Zeit, als die Menschen versuchten, Gott zu erreichen, bestimmte Er die Zeitdauer ihrer Unwissenheit. Gott sagte, dass die Menschen, die nicht nach dem Gesetz lebten, nicht nach dem Gesetz gerichtet werden würden. Das Gesetz würde jene richten, die nach dem Gesetz lebten. Das bedeutet, dass jene, die vor dem Kommen Christi gelebt hatten, nach ihrem Gewissen beurteilt werden. Sie lebten gemäß ihrem Gewissen.

Nachdem nun Gott die Zeiten der Unwissenheit übersehen hat, gebietet er jetzt den Menschen, dass sie alle überall Buße tun sollen,

Apostelgeschichte 17:30

Wie gehen wir dann mit der Zeit der Unwissenheit um? Wir müssen diese Zeit hinter uns lassen. Jede Nation muss diese Zeit hinter sich lassen. Jesus sagte, dass Er nicht wiederkommen würde bis das Evangelium allen Nationen gepredigt worden sei.

Und dieses Evangelium des Reiches wird gepredigt werden auf dem ganzen Erdkreis, allen Nationen zu einem Zeugnis, und dann wird das Ende kommen.

Matthäus 24:14

Alle Nationen müssen die Gute Nachricht hören, damit sie wissen, dass wir Gott nicht durch gute Werke erreichen können. Gott hat sich durch Sein Blut nach dir ausgestreckt. Deshalb gebietet Gott heute jedem, die Zeit der Unwissenheit hinter sich zu lassen und Buße zu tun.

Warum ist es notwendig, die Zeit der Unwissenheit hinter sich zu lassen?

Denn alle, die aus Gesetzeswerken sind, die sind unter dem Fluch; denn es steht geschrieben: "Verflucht ist jeder, der nicht bleibt in allem, was im Buch des Gesetzes geschrieben ist, um es zu tun!" Dass aber durch Gesetz niemand vor Gott gerechtfertigt wird, ist offenbar, denn "der Gerechte wird aus Glauben leben

Galater 3:10,11

Die Zeit der Gesetze war dazu bestimmt, dem Volk zu sagen, was es zu tun hatte, welche Rituale es zu befolgen hatte, um Gott zu dienen und Ihn dadurch zu erreichen. Wenn ein Mensch Gott unter dem Gesetz dient, dann steht er unter einem Fluch, denn es steht geschrieben, dass jeder verflucht ist, der nicht erfüllt, was im Buch des Gesetzes geschrieben steht.

Jede Weltreligion hat ein Gesetzbuch. Im Judentum ist es das Alte Testament, besonders die fünf Bücher Mose. Im Islam ist es der Koran, das Buch, in dem geschrieben steht, was man tun sollte, was man essen darf und was man nicht essen darf und die Strafen, die man erhält, wenn man sündigt. Es gibt ähnliche Bücher für den Buddhismus, für den Hinduismus und für Krishna. Es gibt noch viele ähnliche heilige Bücher, nach denen die Menschen der verschiedenen Religionen leben.

Natürlich sind diese Bücher an sich nicht schlecht. Wenn die Menschen beginnen würden, nach dem zu leben, was in diesen Büchern geschrieben ist, wäre die Welt ein besserer Ort. Die Gesetzbücher sind sehr gut, und das ist das Problem. Der Mensch gerät unter einen Fluch, weil er nicht alles, was im Gesetzbuch geschrieben steht, erfüllen kann.

Warum rechtfertigt das Gesetz niemanden? Wenn ein Mensch in einem Bereich sündigt, dann hat er in allen Bereichen gesündigt.

Denn wer das ganze Gesetz hält, aber in einem strauchelt, ist aller Gebote schuldig geworden.

Jakobus 2:10

Der Islam sagt z. B., dass der Gläubige fünfmal am Tag beten muss, um rechtschaffen zu sein. Und die Menschen tun das. Sonst können sie nicht sicher sein, ob sie einmal bei Gott sein werden. Das gleiche gilt für den Buddhismus und für Krishna. Ein Gläubiger muss meditieren, weil es Gesetz ist. So hat jede Religion ein Gesetzbuch.

Die Menschen strengen sich an, dieses Gesetz zu erfüllen. Sie bauen ihre Beziehung auf dieser Anstrengung auf, deshalb verbessern sie sich, haben aber noch immer nicht den Gipfel der Rechtschaffenheit erreicht. Nur Christen können sich rechtschaffen nennen. In der Bibel heißt es, dass alle Christen heilig sind, die dem Wort gemäß leben und in Jesus Christus sind.

Gott nennt uns heilig. Wir haben das aufgrund unserer Werke nicht verdient. Wir haben dieses Geschenk von Jesus empfangen, weil wir in Jesus Christus leben. Als Jesus geboren wurde, kamen

Engel auf die Erde und sagten der ganzen Welt: Frohlocke, denn heute wurde der Retter geboren. Der, der uns vom Fluch des Gesetzes (der ewigen Anstrengung) rettet, der, der uns vom ewigen Versagen rettet.

Natürlich strengen wir uns alle an und kämpfen. Obwohl wir wissen, dass unsere Gerechtigkeit nicht aus uns kommt oder von dem, was wir tun. Unsere Gerechtigkeit kommt von Christus. Deshalb müssen wir wissen, dass wir jede Sünde, die wir tun und jeden Fehler, den wir begehen, sofort Christus bekennen müssen. Er wird uns jedes Mal verstehen. Und Er reinigt uns mit Seinem Blut.

Denn aus Gnade seid ihr gerettet durch Glauben, und das nicht aus euch, Gottes Gabe ist es; nicht aus Werken, damit niemand sich rühme.

Epheser 2:8,9

In jeder Religion (außer beim christlichen Glauben) strengen sich die Menschen an, um mit ihren Werken Gott zu gefallen. Sie tun das, weil sie das Evangelium nicht kennen – die Gute Nachricht. Die Gute Nachricht bringt den Menschen das Wissen um die Gnade, durch welche sie gerettet sind. Die Zeit ist gekommen, dass die Menschen aufhören zu versuchen, durch ihre Werke Gott zu erreichen. Wir sind von Gott dazu berufen, den nicht Geretteten das Evangelium zu predigen. Die Gläubigen aller Religionen halten sich nämlich für nicht gerettet. Sogar die Buddhisten, die heiligen Mönche, Menschen, die in ihrer Religion sehr hoch aufgestiegen sind, sind davon überzeugt, dass sie nach dem Tod in ein nächstes Leben wiedergeboren werden, um noch mehr Vollkommenheit zu erlangen. Die Gläubigen aller Religionen (außer dem christlichen Glauben) erwarten nicht die Errettung in ihrem irdischen Leben. Sie glauben, dass sie erst gerettet werden, wenn sie in den Himmel kommen und Gott sich ihre Werke anschaut, deren Anzahl und Art, und erst dann wird Er entscheiden, wer es verdient hat, gerettet zu werden. Nur Christen wissen, dass jeder, der Jesus als seinen Herrn und Erlöser angenommen hat, schon hier auf Erden gerettet ist und ewiges Leben hat. Die Bibel sagt uns:

Denn aus Gnade seid ihr gerettet

Epheser 2:8

Bemerke, dass es nicht heißt „wird gerettet sein" sondern es heißt „bereits jetzt gerettet sein". Das ist Gottes Geschenk an uns aufgrund unseres Glaubens.

Der Mensch kann seine Rettung nicht selbst erwirken, auch nicht durch gute Werke. Der Mensch ist sündig. Man kann nur durch Gnade gerettet werden, welche das Geschenk Gottes ist. Gott sagt, dass es niemand schafft, unter dem Gesetz zu leben, deshalb ist Er selbst gekommen und hat Sein Leben geopfert, Sein Blut vergossen, damit wir alle gerettet werden können. Jeder, der den Namen des Herrn anruft, wird von allen Sünden gereinigt werden. Wenn der Himmlische Vater in der geistlichen Welt Jesu Blut an uns sieht, bedeutet das, dass wir gerettet sind. Man kann weiterhin gute Werke tun, aber unsere guten Werke können uns nicht retten. Gute Werke sind das, was wir tun, um unsere von Gott geschenkte Gerechtigkeit aufrechtzuerhalten und so Gott ähnlicher zu werden.

Wenn Gläubige anderer Religionen das anerkennen, werden sie Errettung empfangen. Sobald sie das verstanden haben, werden sie aufhören zu versuchen, das Gesetz zu erfüllen.

… damit niemand sich rühme

Epheser 2:9

Gott möchte nicht, dass irgendjemand sich seiner Werke rühme, denn er rettet niemanden aufgrund von guten Werken. Gott kann einen Menschen durch das Geschenk retten, das Er uns bereits gegeben hat – durch Jesus Christus. Früher haben wir versucht, Gott mit unseren Werken zu gefallen, durch unser Leben, durch unsere Opfer, aber jetzt sagt Gott zu uns, dass wir damit aufhören sollen. Nun geht Gott uns nach. Er bittet uns, nicht länger für Ihn zu sterben. Er ist für uns gestorben. Darum geht es beim christlichen Glauben.

Das Christentum hat seinen Namen von Christus erhalten. Christus ist die einzigartigste Persönlichkeit, die jemals auf dieser Erde gelebt hat.

Jesus Christus war der einzige Mensch unter allen religiösen Führern, der als Mensch geboren wurde. Er wurde durch den Heiligen Geist von einer Jungfrau geboren. Der Heilige Geist war Sein Vater. Es ist bekannt, dass das Kind das Blut seines Vaters erbt. Deshalb hatte Jesus gerechtes Blut in sich, das reine Blut

Gottvaters. Er war heilig, rein und sündlos. Deshalb ist Jesus Gott, der aus dem Himmel herabgestiegen ist.

Lasst uns zum Beispiel den Buddhismus anschauen. Diese Religion kam schon vor dem Christentum auf. Buddha war ein irdischer Mensch, den eine Frau durch einen Mann empfangen hatte. Er war ein hart arbeitender und religiöser Mensch. Buddha hasste die Ungerechtigkeit, die in seiner Gesellschaft herrschte und wollte das Leben der Menschen verändern. Deshalb stieg er auf einen Berg, um zu beten und Gott in der Meditation zu suchen. Die Meditation und Selbstvervollkommnung halfen ihm, Gott zu finden und Gemeinschaft mit Ihm zu haben. Als Ergebnis dieser Gemeinschaft schrieb er das Buch des Buddha.

Der Führer des Islam schrieb sein Buch auf dieselbe Weise. Er war ebenfalls ein irdischer Mensch, der von irdischen Eltern geboren worden war. Er war ein Sünder, genauso wie Buddha. Mohammed wusste, dass er ein Sünder war, so beschloss er, sich selbst von der Sünde zu reinigen. Als er erkannte, dass sich sein Leben zum Guten verändert hatte, begann er, auch anderen Menschen dabei zu helfen, sich zu verändern. Er erklärte dem Götzendienst den Krieg. Während dieses Krieges machte er Fortschritte und begann zu predigen. In bestimmten historischen Büchern steht geschrieben, dass Mohammed zunächst ein christlicher Prediger gewesen war, dann aber das Christentum aufgab und zum Gründer des Islam und Autor des Gesetzbuches namens Koran wurde.

Dasselbe geschah mit Führern anderer Religionen, weil sie alle irdische, sündige Menschen waren. Sie alle hatten sündiges Blut und ein sündiges Wesen in sich. Deshalb sind sie unmöglich mit Jesus zu vergleichen. Warum sollten wir denen folgen, die von Menschen geboren wurden? Natürlich müssen wir Jesus folgen, der von Gott geboren wurde, dem Heiligen Geist.

Wir haben uns nun den Ursprung dieser religiösen Führer angesehen. Lasst uns nun ihr Leben anschauen. Keiner von ihnen konnte sich als sündlos bezeichnen. Sie alle hatten erkannt, dass sie Sünder waren, deshalb versuchten sie sich alle in der Selbstvervollkommnung und suchten nach Gott. Jesus war der einzige, der gekommen war und sagte, dass er die Sünde überwinden würde. Und er wollte die Sünde im Leben aller Menschen überwinden, die an Ihn glauben.

Die Bibel sagt:

Und sie wird einen Sohn gebären, und du sollst seinen Namen Jesus nennen, denn er wird sein Volk retten von seinen Sünden.

Matthäus 1:21

Jesus wurde geboren, um die Menschen von der Sünde zu erretten. Alle anderen religiösen Leiter haben im Grunde nur versucht, selbst vollkommen zu werden.

Lasst uns nun die Umstände ihres Todes ansehen. Mohammed wurde krank und starb, sehr wahrscheinlich starb er an Tuberkulose. Buddha wurde krank und starb an einem Hexenschuss. Diese Führer wurden krank und starben so wie jeder andere Mensch auch. Nur Jesus, der gesagt hatte, dass Ihm niemand das Leben nehmen kann, gab Sein Leben für die Sünden vieler Menschen. Er hatte das vorausgesagt und gab Sein Leben für die Sünde der Menschheit. Jesus sagte, dass man Ihn töten, Er aber von den Toten auferstehen würde. Es war ein einzigartiger Tod. Er vergoss Sein Blut, damit jeder Mensch durch Sein Blut gereinigt werden kann. Das ist der Unterschied zu anderen religiösen Führern, die eines natürlichen Todes gestorben waren. Das ist der Grund, warum wir „Christus" sagen, und das ist der Grund warum unser Glauben „Christentum" genannt wird.

Was die religiösen Lehren angeht, so sind sie alle verschieden. Diese Lehren stehen in den Gesetzbüchern geschrieben. Diese Bücher sprechen davon, was wir tun sollen und wie wir es tun sollen. Natürlich könnte uns das als guter Rat dienen, aber das Gesetz kann niemanden retten.

Wie sahen religiöse Führer aus? Wie gingen sie mit sich selbst um, was sagten sie über sich selbst, und wie fanden sie sich in Gott wieder?

Jesus legte Seinen genauen Standpunkt dar. Er nannte Gott Seinen Vater. Selbst die wichtigsten Menschen und die religiösen Führer sprachen den Namen Gottes unter Zittern aus. Sie nannten sich Diener Gottes oder Propheten Gottes. Nur Jesus nannte sich Sohn Gottes. Sie gaben zu, dass Menschen nur unbedeutende Gläubige oder Propheten sein können. Nur Jesus sagte, dass die, die an Ihn glauben, das ewige Leben empfangen und Kinder Gottes genannt würden. Und so sind wir alle zu Kindern Gottes geworden.

Was sagten diese Führer über sich selbst? Keiner von ihnen sprach davon, gerettet zu sein. Nur Jesus sagte, dass Er wusste, woher Er gekommen war und wohin Er ging, so dass Er dort für uns einen Platz bereiten könnte. Er sagte, dass Er uns dorthin mitnehmen würde. Er wusste, was Er tat. Und das erklärte er ohne Furcht. Jesus sprach mit Kühnheit, denn Er wusste, wer Er war.

Jesus spricht zu ihm: Ich bin der Weg und die Wahrheit und das Leben. Niemand kommt zum Vater als nur durch mich.

Johannes 14:6

Jesus erklärte genau das. Weder Buddha noch Mohammed konnte so etwas sagen. Sie waren rechtschaffene Menschen, deshalb konnten sie nicht lügen.

Sie konnten nicht etwas sagen, das nicht wirklich der Wahrheit entsprach. Sie nannten sich selbst Propheten. In Wirklichkeit waren sie Propheten, aber nicht mehr als das. Jesus sagte, dass Er der Sohn Gottes ist. Während z. B. Mohammed sagte, dass wir Gott suchen, sagte Jesus, dass Er Seinen Vater kennt, denn Er war bei Ihm. Er sagte, dass Er gekommen war, um uns mitzunehmen. Deshalb ist der christliche Glaube keine weitere Religion, sondern der Weg zum Himmlischen Vater. Das ist die Erlösung der Seele.

Du kannst dagegen einwenden, dass auch wir Christen beten, zur Kirche gehen und Rituale haben. Ja, wir tun das, denn auf diese Weise haben wir Gemeinschaft mit Gott und miteinander. Es ist die Gemeinschaft der Kinder mit ihrem Vater. Es ist dieselbe Gemeinschaft, die Kinder mit ihren Eltern haben.

Gott ist gut zu uns. Wir können Ihn nicht verlassen, weil wir Seine Gunst nicht verlieren wollen. Wir beten jedoch keine Ikonen an und zünden in religiöser Weise Kerzen an. Wir verbringen einfach nur Zeit mit unserem Himmlischen Vater. Wir sagen Ihm, was wir denken, wir beten Ihn an, und wir kommunizieren mit Ihm in unserer gewohnten Sprache, nicht mit einem 100 Jahre alten Gebet, das wir auswendig gelernt haben. Wir fühlen ständig Seine Gegenwart.

Und der größte Unterschied zwischen Jesus und anderen religiösen Leitern ist natürlich, dass all diese eines natürlichen Todes starben und begraben wurden, Jesus jedoch nach dem Tod wieder auferstand. Jesus ist der einzige Mensch der Menschheitsgeschichte, der wieder auferstand, nachdem Er gekreuzigt worden war. Er stand von den Toten auf, und 40 Tage lang erschien Er verschiedenen Menschen. Es waren etwa 500 Menschen. Und eines Tages, in Gegenwart von 120 Leuten, die auf einem Platz standen, stieg Er in den Himmel auf. In Gegenwart dieser Leute sagte Er, dass Er wiederkommen und sie mit sich nehmen würde. Jesus sagte, dass Er jeden Menschen von den Toten auferwecken wird, der an Ihn glaubt, in derselben Weise wir Er selbst von den Toten auferstanden ist. Mit Seiner Auferstehung bewies Er, dass Er den Tod besiegt hat. Deshalb glaube ich, dass Er auch mich von den Toten auferwecken wird.

Denn so hat Gott die Welt geliebt, dass er seinen eingeborenen Sohn gab, damit jeder, der an ihn glaubt, nicht verloren geht, sondern ewiges Leben hat

Johannes 3:16

Deshalb wirst auch du, wenn du Christus annimmst, nicht sterben, sondern ewiges Leben haben. Wir versuchen nicht, Gott mit unseren guten Werken zu erreichen. Nein, wir sind Christen, wir sind nett, weil das unser Wesen ist. Christen haben einen Ort, der für sie bereitet ist. Was wird mit den Gläubigen anderer Religionen geschehen?

Es gibt Milliarden von ihnen. Gott hat für jede Nation einen Zeitpunkt bestimmt. Die Zeit kommt, in der Gott einer Nation begegnet. Gott hatte eine bestimmte Zeit, in der Er der ehemaligen Sowjetunion begegnete. Er zerstörte den Kommunismus und öffnete dem Evangelium die Tür, damit es gepredigt werden konnte. Eine solche Zeit für das Eingreifen Gottes wird bald auch für China kommen, eine solche Zeit kommt für die Arabische Welt und für jeden Teil dieser Erde. Überall auf der Welt werden Missionare das Evangelium predigen.

Die Zeit wird kommen, dass die Mauern des Islam, Hinduismus und Buddhismus fallen und das Evangelium frei auf der ganzen Erde gepredigt werden wird. Und Gott wird die Nationen sammeln, und sie werden gerettet werden. Und sogar jetzt, bevor den Anhängern anderer Religionen die Türen geöffnet werden, lässt Gott Menschen dieser anderen Religionen in übernatürlicher Weise zum christlichen Glauben finden. So kommen in der Ukraine und in Amerika z. B. Moslems zum Glauben, und überall werden diese gerettet. Jeder Moslem wird das Evangelium hören, und viele von ihnen werden gerettet. Gott hat einen Zeitpunkt der Begegnung mit ihnen.

Gott sandte Seinen eingeborenen Sohn in die Welt, nicht um die Welt zu richten, sondern um diese durch Ihn zu retten. Jeder Gläubige, der an Jesus Christus glaubt, wird nicht gerichtet werden. Die Ungläubigen aber sind bereits gerichtet, weil sie nicht an den einen eingeborenen Sohn geglaubt haben.

Obwohl Jesus die Erde verlassen und in den Himmel aufgestiegen ist, ist Er an deiner Seite. Das ist deshalb so, weil Er Geist ist. Dass Jesus in unseren Herzen lebt, beweist, dass Er lebendig ist. Und was außerdem bezeugt, dass Jesus lebendig ist, sind Seine Worte, dass jeder, der an Ihn glaubt, die Werke tun wird, die Er getan hat. Tatsache ist, dass Er in uns wohnt, Er selbst wird diese Werke durch uns tun.

Der Apostel Paulus sagte, dass er nicht sein eigenes Leben lebt, sondern das Leben des Sohnes Gottes, der für ihn starb und ihm Leben gab. Du lebst nicht dein eigenes Leben, sondern Christus lebt in dir. So lass Ihn deinen Platz einnehmen und sich selbst durch dich offenbaren.

Und jetzt haben wir die Antwort auf die Frage: „Warum der christliche Glaube?" Es gibt eine Antwort: Weil wir nicht nach Gott suchen müssen. Gott selbst hat uns gefunden und uns durch Seine Gnade erlöst. Und um die Frage: „Warum Christus?" zu beantworten, so lautet die Antwort: Weil Er der Gott ist, der auf diese Erde herabkam, um für einen jeden Menschen zu sterben. Er lebt gerade jetzt in jedem Gläubigen, der an Ihn glaubt. Er ist derjenige, der starb und auferstand. Er ist der einzige, der Sein Blut vergossen hat, so dass wir durch Sein Blut rein und ohne Makel vor Gott stehen können.

In der Bibel steht geschrieben, dass wenn du Jesus Christus bereits als deinen Herrn und Erlöser angenommen hast, wenn Er in dein Herz gekommen ist, dann stellt Er dich als heilig, rein und unschuldig dar.

hat er aber nun versöhnt in dem Leib seines Fleisches durch den Tod, um euch heilig und tadellos und unsträflich vor sich hinzustellen

Kolosser 1:22

Wenn du Jesus in dein Herz aufgenommen hast, dann stellt Er dich vor Gott als heilig und unbefleckt dar. Das bedeutet der christliche Glaube.

sofern ihr im Glauben gegründet und fest bleibt und euch nicht abbringen lasst von der Hoffnung des Evangeliums, das ihr gehört habt, das in der ganzen Schöpfung unter dem Himmel gepredigt worden ist, dessen Diener ich, Paulus, geworden bin.

Kolosser 1:23

Alles, was wir tun müssen, ist fest im Glauben zu bleiben, stark und standhaft zu sein, das nicht zu verlieren, was wir empfangen haben und uns nicht von Jesus abzuwenden.

Gott hat sich nach uns ausgestreckt, und jetzt haben wir Gemeinschaft mit Ihm wie mit einem Vater.

Da wir nun einen großen Hohenpriester haben, der durch die Himmel gegangen ist, Jesus, den Sohn Gottes, so lasst uns das Bekenntnis festhalten! Denn wir haben nicht einen Hohenpriester, der nicht Mitleid haben könnte mit unseren Schwachheiten, sondern der in allem in gleicher Weise wie wir versucht worden ist, doch ohne Sünde. Lasst uns nun mit Freimütigkeit hinzutreten zum Thron der Gnade, damit wir Barmherzigkeit empfangen und Gnade finden zur rechtzeitigen Hilfe!

Hebräer 4:14-16

Nun können wir furchtlos vor dem Thron Gottes stehen, weil uns Jesus ohne Sünde und Makel präsentiert hat. Jesus hat uns als heilig dargestellt. All das sind Geschenke, die uns Jesus gemacht hat, und deshalb wissen wir sie zu schätzen.

Jesus Christus ist derselbe gestern, heute und morgen, und weil Er in uns und durch uns lebt, tut er dieselben Dinge, die Er hier auf der Erde getan hat.

Komm zu Jesus, weil du nicht durch deine eigene Rechtschaffenheit gerettet werden kannst. Komm so zu Gott, wie du bist, und Er wird den Rest tun.

Kapitel 7
Das falsche Verständnis von Christus

Dies nun sage und bezeuge ich im Herrn, dass ihr nicht mehr wandeln sollt, wie auch die Nationen wandeln, in Nichtigkeit ihres Sinnes; sie sind verfinstert am Verstand, entfremdet dem Leben Gottes wegen der Unwissenheit, die in ihnen ist, wegen der Verstockung ihres Herzens; sie, die abgestumpft sind, haben sich selbst der Ausschweifung hingegeben, zum Ausüben jeder Unreinheit mit Gier.

Ihr aber habt den Christus nicht so kennengelernt. Ihr habt ihn doch gehört und seid in ihm gelehrt worden, wie es Wahrheit in Jesus ist: dass ihr, was den früheren Lebenswandel angeht, den alten Menschen abgelegt habt, der sich durch die betrügerischen Begierden zugrunde richtet, dagegen erneuert werdet in dem Geist eurer Gesinnung und den neuen Menschen angezogen habt, der nach Gott geschaffen ist in wahrhaftiger Gerechtigkeit und Heiligkeit

Epheser 4:17-24

Es gibt zwei völlig verschiedene Welten. Die eine ist das Leben der Welt, die andere das Leben der Kirche.

Wir als Gläubige leben in einer anderen Welt. Wir wissen, dass die Bibel Gottes Wort ist. Wir dienen Gott, und wir leben gemäß dem Wort Gottes. Gott sagt zu uns:

Das sage und bezeuge ich nun im Herrn, daß ihr nicht mehr so wandeln sollt, wie die übrigen Heiden wandeln in der Nichtigkeit ihres Sinnes

Epheser 4:17 (Schlachter)

In Kiev leben z. B. mehr als drei Millionen Menschen. Die Mehrheit dieser Menschen geht nicht in die Kirche. Die Mehrheit von ihnen kennt Christus nicht. Das sind die Menschen, die Gott „die übrigen Heiden" nennt. Die „übrigen Heiden" sind die Menschen, die zu dieser Welt gehören.

Es sind die Menschen, die Christus nicht kennen, welchen wir aber kennen. Diese Menschen haben die wunderbare Begegnung mit dem Herrn, die wir erlebt haben, noch nicht erlebt. Diese

Menschen gebrauchen nicht das Wort Gottes in ihrem Leben, sie haben die Knie noch nicht vor Jesus gebeugt. Sie haben noch nicht zu Ihm gesagt: „Herr, nicht ich lebe, sondern du lebst in mir." Diese Menschen leben und wandeln in der Nichtigkeit ihres Sinnes. Das bedeutet, dass all die „übrigen Heiden", die nicht zur Gemeinde gehören, die außerhalb von Gottes Wort und nicht in Christus sind, gemäß einem bestimmten Prinzip leben – der Nichtigkeit ihres Sinnes. Wer ist es, der hinter der Nichtigkeit ihres Sinnes steht? Wir kennen ihn. Sie glauben zwar, dass sie gemäß der Nichtigkeit ihres Sinnes leben, aber in Wirklichkeit steht der Teufel hinter all dieser Nichtigkeit. (Stolz, Arroganz, Aufgeblasenheit und Einbildung).

Der größte Kampf findet in deinem eigenen Geist statt. Satan versucht, unerlöste Menschen wie mit einer Fernsteuerung zu kontrollieren, indem er ihnen Gedankenspiele in den Kopf setzt, was den Menschen jedoch nicht einmal bewusst ist.

Sie leugnen die Existenz des Satans, weil er sie verblendet hat. Wenn sie um den Teufel wüssten, dann würden sie ihn bekämpfen. Der Teufel beeinflusst die Menschen, er bringt sie dazu, sich auf sich selbst zu verlassen. Das ist die Nichtigkeit des Sinnes. Das die die Fernsteuerung, die der Teufel benutzt, um Menschen zu kontrollieren, so dass der Mensch nicht Gott nachfolgt, sondern glaubt, selbst das Sagen zu haben. So ein Mensch verlässt sich auf seinen eigenen Verstand und seine eigene Stärke. Menschen, die sich so verhalten, werden die „übrigen Heiden" genannt. Sie befinden sich im Reich der Finsternis.

Auch euch hat er auferweckt, die ihr tot wart in euren Vergehungen und Sünden, in denen ihr einst wandeltet gemäß dem Zeitlauf dieser Welt, gemäß dem Fürsten der Macht der Luft, des Geistes, der jetzt in den Söhnen des Ungehorsams wirkt.

Epheser 2:1,2

Der Fürst dieser Welt regiert durch die Nichtigkeit des Sinnes. Und diese „übrigen Heiden" leben so wie sie wollen. Das Wort Gottes, das Korrektur in ihr Leben bringen könnte, existiert für sie gar nicht.

Sie leben nicht dem Wort gemäß. Die „übrigen Heiden" können auch religiöse Menschen sein, die Gottesdienste besuchen, aber nicht nach dem Wort leben, sondern sich wie die „übrigen Heiden" verhalten.

Offenbar aber sind die Werke des Fleisches; es sind: Unzucht, Unreinheit, Ausschweifung, Götzendienst, Zauberei, Feindschaften, Streit, Eifersucht, Zornausbrüche, Selbstsüchteleien, Zwistigkeiten, Parteiungen, Neidereien, Trinkgelage, Völlereien und dergleichen. Von diesen sage ich euch im Voraus, so wie ich vorher sagte, dass die, die so etwas tun, das Reich Gottes nicht erben werden.

Galater 5:19-21

Jeder Ungläubige ist in irgendeiner Form unrein. Es könnte Unzucht oder Ehebruch sein. Es könnte Rauchen oder eine vulgäre Ausdrucksweise sein (üble Rede), oder etwas anderes. Menschen verhalten sich so, weil sie nicht frei von dieser Welt sind.

…sie, die abgestumpft sind, haben sich selbst der Ausschweifung hingegeben, zum Ausüben jeder Unreinheit mit Gier.

Epheser 4:19

Solche Menschen leben ohne Christus. Wir alle haben uns so verhalten, und es war leicht für unser Fleisch.

Wir haben weiterhin alles das getan, was wir immer getan hatten. Aber jetzt, da wir Jesus als unseren Herrn und Erlöser angenommen haben, werden wir vom Geist Gottes geleitet, und wir sind Kinder Gottes. Deshalb werden wir nicht von der Nichtigkeit und Eitelkeit beherrscht, sondern der Geist Gottes hat die Kontrolle über unser Leben. Das ist der Unterschied zwischen der Kirche und der Welt, und zwischen dem Volk Gottes und den „übrigen Heiden".

Der Heilige Geist leitet uns durch unser Herz und durch das Wort Gottes, aber der Geist dieser Welt leitet durch die Nichtigkeit des Sinnes. Wenn du also ein mittelmäßiger Christ sein oder andere nachahmen möchtest, dann solltest du zumindest nicht die „übrigen Heiden" nachahmen. Das Beste ist, in allem Jesus Christus nachzuahmen.

Weißt du, was uns Gott immer wieder sagt? Wir sind auf der Straße, am Arbeitsplatz und sogar zu Hause von den „übrigen Heiden" umgeben. Verhalte dich nicht wie die „übrigen Heiden", die von der Nichtigkeit ihres Sinnes geleitet werden. Wir werden selbstverständlich vom Heiligen Geist geleitet.

Lasst uns in die Bibel schauen.

sie, die abgestumpft sind, haben sich selbst der Ausschweifung hingegeben, zum Ausüben jeder Unreinheit mit Gier. Ihr aber habt den Christus nicht so kennengelernt.

Epheser 4:19,20

Man kann den Unterschied zwischen den „übrigen Heiden" und uns sehen: „Ihr aber habt den Christus nicht so kennen gelernt". Demzufolge sollten Gläubige ihr Leben so leben, wie Jesus Sein Leben lebte. Sein Leben muss sich durch uns offenbaren, in dem Maße, wie wir Ihn kennen lernen.

Wir können uns wie Jesus verhalten, weil der Geist Christi in uns lebt. Wir folgen Jesus. Wir können Jesus nicht folgen, wenn wir Ihn nicht kennen. Wir werden nie Jesus ähnlich sein, wenn wir nicht wissen, wer Er ist. Nur durch das Verstehen kann der Charakter Jesu zu unserem Charakter werden und Sein Handeln zu unserem Handeln. Wenn wir nicht wissen, dass Jesus die Kranken heilte, werden wir die Fähigkeit, Kranke zu heilen, nicht in uns tragen. Wenn wir nicht wüssten, dass Jesus sündlos war, dann hätten wir Seine Gerechtigkeit nicht.

Wir lernen Jesus kennen, damit wir Ihm ähnlich werden können.

Die Bibel sagt, dass wir Christus nicht so kennen gelernt haben. Wir als Christen müssen Jesus in dem Maße ähnlich werden, wie wir Ihn kennen gelernt haben und dementsprechend leben, wie Er gelebt hat.

dass ihr, was den früheren Lebenswandel angeht, den alten Menschen abgelegt habt, der sich durch die betrügerischen Begierden zugrunde richtet, dagegen erneuert werdet in dem Geist eurer Gesinnung und den neuen Menschen angezogen habt, der nach Gott geschaffen ist in wahrhaftiger Gerechtigkeit und Heiligkeit.

Epheser 4:22-24

Wir waren es gewohnt, so zu leben wie „die übrigen Heiden". Wir hatten die alte Natur. Aber die Bibel sagt, dass wir das Leben des alten Menschen hinter uns lassen und erneuert werden sollen. Wir sollen den neuen Menschen anziehen, der im Abbild Gott geschaffen wurde.

Nun hast du Christus kennengelernt. Er muss in dir leben. Erlaube Jesus, Sein Leben durch dich zu leben. Sein Leben bindet und zerstört den alten Menschen. Wenn du deinem alten Menschen widerstehen willst, dann wende dich Jesus zu, der in dir lebt, bitte ihn, sich zu offenbaren und den alten Menschen zu überwinden. Nimm dich selbst zurück, nimm dein Ego beiseite, und erlaube Jesus, durch dich zu leben, dann wird dein Leben von

Frieden und Ruhe erfüllt sein. Jesus ist der einzige, der dem alten Menschen widerstehen und ihn überwinden kann. Aus diesem Grund sagt Gott zu uns, dass wir Jesus „nicht so kennengelernt" haben.

Als ich im Fleisch lebte, im alten Menschen, da kannte ich Jesus noch nicht und lebte so wie die Welt lebt. Aber jetzt kenne ich Ihn.

Die Menschen, die nicht an Gott glauben, Menschen, die Jesus nicht kennen, sind die „übrigen Heiden", die gemäß der Nichtigkeit ihres Sinnes leben. Warum leben sie so? Der Grund dafür ist:

sie sind verfinstert am Verstand, entfremdet dem Leben Gottes wegen der Unwissenheit, die in ihnen ist, wegen der Verstockung ihres Herzens

Epheser 4:18

Menschen leben gemäß der Nichtigkeit ihres Sinnes, weil sie von Gottes Leben getrennt sind. Wenn du Jesus Christus angenommen und deine Sünden bekannt hast, aber aufgehört hast, den Gottesdienst zu besuchen, die Bibel zu lesen und zu beten, wirst auch du vom Leben Gottes getrennt sein.

Es spielt keine Rolle, ob du das Leben, das Gott schenkt, erlangt hast, du kannst davon getrennt werden sobald du damit aufhörst, dich selbst mit Christus und Seinem Wort zu „durchtränken". Wenn du anfängst, dich wie die „übrigen Heiden" zu verhalten, dann wirst du entdecken, dass du dieselben Dinge, die du aufgehört hast zu tun, wiederum tust. Nur wenn du in Jesus Christus bleibst, kannst du das Leben Gottes haben.

Was ist das Leben Gottes? Es ist ein Leben, das mit Liebe erfüllt ist.

Wer nicht liebt, hat Gott nicht erkannt, denn Gott ist Liebe.

Johannes 4:8

Niemand hat Gott je gesehen. Der Sohn Gottes, welcher Jesus Christus ist, hat Ihn und Sein Leben uns offenbart. Das Leben Gottes ist in Jesus. Wenn du Jesus angenommen hast, dann bedeutet das, dass du das Leben Gottes angenommen hast. Und das Leben Gottes ist ein Leben voller Liebe.

Wir haben das Leben Gottes in uns, deshalb sind wir glücklich und jubeln.

Das Leben Gottes ist ein Leben voller Mitgefühl für andere. Es ist ein Leben der Erlösung. Weil wir Gottes Leben in uns haben, bedeutet das, dass unser Leben voller Mitgefühl und Liebe für andere Menschen ist. Wir sollten nicht weitermachen wie die „übrigen Heiden", die vom Leben Gottes abgeschnitten sind, denn wir haben Christus genauso kennengelernt.

Wir müssen sichergehen, dass das Leben Gottes zu unserem Leben wird. Wir müssen das Leben Gottes den Menschen und der Welt offenbaren. Und damit das geschehen kann, müssen wir einfach nur Jesus Christus, der in uns lebt, erlauben, sich durch uns zu offenbaren: Lass es zu, dass Seine Liebe, Sein Mitgefühl und Seine Kraft durch dich fließen. Verhalte dich nicht so wie die „übrigen Heiden", die gemäß der Nichtigkeit ihres Sinnes leben.

Wir lernten Christus anders kennen, denn das, was wir gefunden haben, ist das Leben Gottes. Das Leben Gottes fließt durch Ihn. Alles was Er den Menschen gab, war das Leben Gottes. Dieses Leben ist voller Kraft, Energie, ewiges Leben, ein Leben, das Glück ausstrahlt, Frieden und Gerechtigkeit. Deshalb müssen wir den neuen Menschen anziehen, der Gott ähnlich geschaffen wurde. Wir haben Jesus angenommen, und Er hat uns das Leben Gottes gegeben.

Kapitel 8

Der Jesus, den du nie gekannt hast

Der Jesus, den du nie gekannt hast, ist derselbe Jesus, der jeden Tag an deiner Seite ist. Viele von euch wissen das nicht. Aber es ist wahr. Wenn du gläubig bist, wenn du Jesus als deinen Herrn und Erlöser angenommen hast, dann ist Er den ganzen Tag an deiner Seite. Er wird dich nie verlassen. Er kümmert sich mehr um deine Probleme als du es selbst tust.

Die biblische Geschichte bestätigt das:

Nach diesem offenbarte Jesus sich wieder den Jüngern am See von Tiberias. Er offenbarte sich aber so: Simon Petrus und Thomas, genannt Zwilling, und Nathanael, der von Kana in Galiläa war, und die Söhne des Zebedäus und zwei andere von seinen Jüngern waren zusammen. Simon Petrus spricht zu ihnen: Ich gehe hin fischen. Sie sprechen zu ihm: Auch wir gehen mit dir. Sie gingen hinaus und stiegen in das Boot; und in jener Nacht fingen sie nichts.

Als aber schon der frühe Morgen anbrach, stand Jesus am Ufer; doch wussten die Jünger nicht, dass es Jesus war. Jesus spricht nun zu ihnen: Kinder, habt ihr wohl etwas zu essen2? Sie antworteten ihm: Nein. Er aber sprach zu ihnen: Werft das Netz auf der rechten Seite des Bootes aus! Und ihr werdet finden. Da warfen sie es aus und konnten es vor der Menge der Fische nicht mehr ziehen. Da sagt jener Jünger, den Jesus liebte, zu Petrus: Es ist der Herr! Simon Petrus nun, als er hörte, dass es der Herr sei, gürtete das Oberkleid um - denn er war nackt - und warf sich in den See. Die anderen Jünger aber kamen in dem Boot - denn sie waren nicht weit vom Land, sondern etwa zweihundert Ellen - und zogen das Netz mit den Fischen nach.

Als sie nun ans Land ausstiegen, sehen sie ein Kohlenfeuer liegen und Fisch darauflieen und Brot. Jesus spricht zu ihnen: Bringt her von den Fischen, die ihr jetzt gefangen habt! Da ging Simon Petrus hinauf und zog das Netz voll großer Fische, hundertdreiundfünfzig, auf das Land; und obwohl es so viele waren, zerriss das Netz nicht. Jesus spricht zu ihnen: Kommt her, frühstückt! Keiner aber von den Jüngern wagte ihn zu fragen: Wer bist du? Denn sie wussten, dass es der Herr war. Jesus kommt und nimmt das Brot und gibt es ihnen und ebenso den

Fisch. Dies ist schon das dritte Mal, dass Jesus sich den Jüngern offenbarte, nachdem er aus den Toten auferweckt war.

Johannes 21:1-14

Nach Jesu Tod kamen Seine zwölf Jünger zusammen, um fischen zu gehen. Sie hatten sich die ganze Nacht abgemüht und nichts gefangen.

Als aber schon der frühe Morgen anbrach, stand Jesus am Ufer; doch wussten die Jünger nicht, dass es Jesus war.

Johannes 21:4

Jesus dachte, dass Seine Jünger Ihn sehen und erkennen würden, vor allem als sie in Not waren (sie waren tatsächlich in Not gewesen). Um sich selbst mit Nahrung zu versorgen, mussten sie viele Fische fangen. Sie arbeiteten die ganze Nacht hart und fingen nichts. Aber sie baten Jesus nicht um Hilfe. Weil sie wussten, dass Jesus begraben worden war, glaubten sie nicht mehr daran, dass Er sie erreichen könnte. Als es Morgen wurde waren sie enttäuscht und wollten sich auf den Heimweg machen. Jesus sah, dass Seine Jünger in Not waren, so beschloss Er, ihnen zu helfen.

Du siehst, dass die Jünger Seinen Namen nicht anriefen, aber Jesus selbst kam, um ihnen zu helfen und ein Wunder zu tun.

Dasselbe gilt für unser Leben. Wenn wir mit bestimmten Problemen in unserem Leben konfrontiert werden, dann vergessen wir, dass Jesus mehr darum besorgt ist als wir selbst.

Du magst mir nicht zustimmen und sagen: „Wenn Er sich mehr um mich sorgt als ich es selbst tue, warum hat Er mir dann nicht geholfen, dieses oder jenes Problem zu lösen?" Diese Frage kann folgendermaßen beantwortet werden: Vielleicht tut der Herr etwas, dessen du dir nicht bewusst bist, oder es ist möglich, dass du etwas tust, das nicht richtig ist.

Wenn Probleme auftauchen, versuchen wir sehr oft, gewisse Dinge ohne Glauben zu tun. Wir versuchen verzweifelt, Hilfe zu suchen, tun Dinge gemäß der Nichtigkeit unseres Sinnes, und manchmal geraten wir dabei auf Irrwege..

Und Jesus steht an unserer Seite. Er wartet darauf, dass wir Ihn anschauen und Ihn bitten, uns bei unseren Problemen zu helfen.

Du sagst vielleicht, dass du Ihn gebeten hast, Er aber nichts getan hat. Es ist möglich, dass die Zeit, um dieses oder jenes

Problem zu lösen, noch nicht gekommen ist. Oft bitten wir Gott um Hilfe, aber Er tut nichts, weil die Dinge, so wie sie jetzt sind, zur Zeit besser für uns sind. Es ist das Beste, wenn Er in dieser bestimmten Zeit nichts für uns tut. Jesus ist weiser und intelligenter als wir es sind. Wenn Er das getan hätte, worum du Ihn gebeten hast, zu dem von dir gewünschten Zeitpunkt, könnte dir das Zerstörung bringen. Oft verstehen wir das selbst nicht.

Wenn du gläubig bist und rechtschaffen lebst, dann ist es ein Segen für dich, wenn der Herr dein Problem im Moment nicht löst.

Wir kommen noch einmal auf die Geschichte der Fischer zurück. Sie verließen sich auf sich selbst, weil sie Profis auf ihrem Gebiet waren. Sie verließen sich auf das starke Netz und ihr Können. Sie dachten nicht an Jesus und riefen Ihn nicht an. Vielleicht begannen sie, sich über Gott zu beschweren als sie nichts fingen. Aber der Herr war an ihrer Seite.

Jesus kam zu einer Zeit, um ihnen zu helfen, als sie es am wenigsten verdient hatten. Was glaubst du, verdienen wir all das, was wir von Gott empfangen? Natürlich nicht. Wir verdienen gar nichts. Deshalb haben wir kein Recht, mit Gott zu hadern, weil er nicht das tut, was wir wollen. Aber Gott ist nicht böse auf uns, weil uns auf diesem Gebiet das Verständnis fehlt. Er ist zu barmherzig, zu freundlich und zu liebevoll, um böse auf uns zu sein. Er versteht alles. Wir verdienen Seine Barmherzigkeit nicht, aber dennoch liebt Er uns. Gelobt sei Er dafür. Seine Barmherzigkeit währt ewig. Deshalb sagen wir, dass Jesus uns sehr kostbar ist. Wenn wir mit Jesus leben, dann haben wir alles. Wenn wir aber ohne Jesus leben, dann gilt auch das, was wir haben, als verloren.

Ich erinnere mich an eine sehr interessante und sehr aufschlussreiche Geschichte. Eines Tages zeigte Gott einem Mann eine Vision über sein Leben anhand der Fußspuren im Sand. Der Mann sah die Fußspuren von zwei Personen, die Seite an Seite liefen, aber manchmal war auch nur ein Paar Fußspuren zu sehen. Die Fußspuren der anderen Person waren verschwunden.

Er stellte fest, dass immer dann nur eine Fußspur im Sand zu sehen war, wenn es sich um die schlimmsten Phasen seines Lebens handelte. Da wurde er böse auf Gott. Wie konnte es sein, dass Gott ihn in den schwersten Zeiten seines Lebens verlassen hatte? Und der Herr antwortete ihm, indem Er sagte: „Ja, während der schwierigsten Zeiten deines Lebens hast du nur eine Fußspur gesehen. Aber ich habe dich niemals verlassen oder aufgegeben. Die Fußspuren, die du gesehen hast, waren meine und nicht deine. Du siehst, während deiner schlimmsten Zeiten habe ich dich getragen."

So glauben wir manchmal, dass Gott uns verlassen hat. Das stimmt aber nicht. Wenn Er uns wirklich verlassen hätte, dann hätten wir nicht bis heute überlebt. Ehre sei Gott, dass Er uns niemals verlässt und aufgibt. Sei Ihm dankbar. In den schwierigsten Zeiten unseres Lebens hält Er uns in Seinen Armen. Gerade in der Zeit der Not kommt Er und befreit uns.

Das geschah auch mit den Fischern, Jesu Jüngern. Sie erkannten Ihn nicht. Sie sprachen mit Ihm, aber dennoch erkannten sie Ihn nicht. Sie empfingen ein Wunder von Jesus, trotzdem wussten sie nicht, dass dieser Mensch Jesus war.

Viele von euch könnten sich in einer ähnlichen Situation befinden. Du siehst die Wunder Gottes, aber du erkennst den Herrn darin nicht. Viele Menschen besuchen Gottesdienste, aber sie kennen Jesus nicht. Viele lesen die Bibel und kennen die Hand Gottes, aber sie kennen Sein Gesicht nicht.

Viele Menschen besuchen Gottesdienste nur, um etwas von Gott zu bekommen, z. B. Heilung oder finanziellen Segen. Anders ausgedrückt kennen sie die Hand Gottes, möchten aber nur die Annehmlichkeiten von Ihm erhalten, Sein Herz jedoch nicht kennenlernen.

Lasst uns in die Bibel schauen.

Er tat seine Wege kund dem Mose, den Söhnen Israel seine Taten.
Psalm 103,7

Was ist der Unterschied zwischen dem, was Gott den Kindern Israels und dem, was Gott Moses gezeigt hatte? Gott zeigte Moses Seine Wege, und den Kindern Israels offenbarte Er Seine Werke. Was bedeutet das? Die Werke sind das Ergebnis dessen, was Gott tut. Die Kinder Israels wussten nur, wie man das empfängt, was Gott tut, also Zeichen und Wunder. Aber sie kannten niemals Ihn als Person, sie wussten niemals, wie Sein Gesicht aussieht. Sie waren Sklaven in Ägypten gewesen. Moses, der Gott begegnet war, und dem sich Gott selbst gezeigt hatte, kam zu ihnen und sagte, dass sie befreit werden würden. Sie hatten nie daran geglaubt, dass Befreiung möglich war. Das Wunder geschah: Sie sahen die Werke

Gottes. Der Pharao ließ sie gehen, und sie verließen Ägypten mit großer Freude.

Die Tatsache, dass man sich der Werke Gottes freut, bedeutet nicht, dass man Gott selbst und Seine Wege kennt. So gingen die Israeliten weiter und sahen sich einem Hindernis gegenüber, dem Roten Meer. Es gab vor ihnen keinen Weg mehr, und die Armee der Ägypter war hinter ihnen. Die Israeliten begannen zu klagen, dass Moses sie in die Wildnis gebracht habe, um sie zu töten. Sie weinten und baten Moses, ihnen seinen Gott zu zeigen. Das war das Volk, das vor noch nicht langer Zeit voller Freude gewesen und seine Befreiung aus der Sklaverei gefeiert hatte. Nun tauchten plötzlich Probleme auf, und sie begannen zu weinen. Warum? Weil sie Gott nicht wirklich kannten. Sei kannten nur Seine Werke. Moses aber war ein Mensch, der Gott kannte, der im Gebet mit Gott kommunizierte. Er betete und sprach mit Gott von Angesicht zu Angesicht, und Gott antwortete ihm. Er forderte ihn dazu auf, den Stab in die Hand zu nehmen, dann würden sie ein Wunder sehen. Moses hob seinen Stab auf, und das Rote Meer teilte sich vor ihnen. Die Israeliten gingen auf dem trockenen Meeresgrund mitten durch das Meer und sahen, wie Gott ihre Feinde vernichtete. Wieder einmal begannen sie zu jubeln. Aber nach ein paar Tagen gab es kein Trinkwasser mehr, nur bitteres Wasser, das nicht zum Trinken geeignet war. Wieder einmal begannen die Israeliten zu weinen und zu klagen: „Moses, wo ist dein Gott? Es wäre besser für uns, nach Ägypten zurückzukehren." Sie vergaßen alles, was Gott für sie getan hatte.

Sie kannten also die Werke Gottes, aber Sein Angesicht hatten sie nie gekannt.

Was glaubst du, inwieweit du Gott kennst? Kennst du Sein Herz oder nur Seine Werke? Kennst du Sein Angesicht oder nur Seine Hand? Stelle dir ein Kind vor, dass im Grunde nur die Hände der Eltern, nicht aber ihre Gesichter kennt oder sieht. Wenn es das Gesicht seines Vaters oder seiner Mutter auf der Straße sieht, dann erkennt es sie nicht. Weißt du, was mit einem solchen Kind geschieht? Immer dann, wenn die Eltern dem Kind keine Näscherei geben, wird es diese Näscherei von jemand anderem annehmen, und diese Person würde zu seinem Vater oder seiner Mutter werden. Kannst du dir vorstellen, ein Kind zu haben, dass du neun Monate lang in deinem Bauch getragen, geboren und aufgezogen hast, aber dein Kind kennt nicht dich, sondern nur deine Hände.

Jedes Mal, wenn du ihm das gibst, was du hast, ist es sehr glücklich, wenn du ihm aber nichts gibst oder nichts hast, das du ihm geben kannst, dann tut es einfach so als kennt es dich nicht.

So etwas geschieht in verschiedenen Familien. Es gibt Ehemänner, die ihre Frau nur als Hausfrau betrachten und keine Zeit mit ihr verbringen. Die Frau schläft in einem Raum und der Mann in einem anderen. Er sagt niemals: „Ich liebe dich." Er ist nur dann nett zu ihr und spricht nur dann mit ihr, wenn er hungrig ist oder einen sauberen Pullover braucht.

Es gibt Ehefrauen, die ihren Mann als Geldquelle ansehen. Sie erfüllen ihre Rolle als Ehefrau nicht und sorgen nicht für ihren Mann, so wie sie es tun sollten. Diese Art von Beziehung nennt sich Schmarotzertum oder Ausbeutung.

Manchmal behandeln wir Gott wie Schmarotzer. Das ist regelrecht kriminell. Du siehst, das Wichtigste an der Beziehung zu unserem Vater liegt nicht darin, was Er uns gibt, sondern in der eigentlichen Beziehung zu Ihm. Das Wichtigste ist, dass wir aus Ihm geboren sind. Er ist unser Vater. Nachdem Jesus uns erlöst hat und wir zu Gott zurückgekehrt sind, war es Sein größter Wunsch, dass wir eine persönliche innige Beziehung zu Ihm aufrechterhalten. Deshalb suchen wir in unseren Gottesdiensten die Begegnung mit Gott, so dass sich eine persönliche innige Beziehung zu Ihm entwickeln kann. Es spielt keine Rolle, ob wir etwas von Ihm bekommen oder nicht. Es geht nur darum, dass wir danach streben müssen, Ihn besser kennenzulernen und Seine Liebe zu spüren. Das ist es, was unsere Beziehung zu Gott ausmacht. An diesem Punkt versagte auch das Volk Israel. Sie erwarteten von Gott, dass Er ständig Wunder tat. Seine Werke wurden dem Volk präsentiert. Wenn sie nicht länger diese Zeichen und Wunder demonstriert bekamen, begannen sie wieder zu klagen.

Dasselbe geschieht heute. Viele Menschen kommen in die Gemeinde, kommen zu Gott, beanspruchen Seine Wunder und gehen dann, weil sie Gott nicht kennen. Ein Mensch kommt vielleicht zu Gott, spricht mit Ihm, hört sogar Seine Stimme, prophetisches Reden im Namen Gottes und kennt Ihn dennoch nicht. Du weißt, dass Er (Gott) an deiner Seite ist. Er ist dir so nahe, und dennoch kennst du Ihn nicht.

Denn er hat gesagt: "Ich will dich nicht aufgeben und dich nicht verlassen."

Hebräer 13:5

Egal wer du auch bist, wo du bist oder was du machst, Jesus ist immer an deiner Seite. Er wacht über dir und Er liebt dich. Verlasse dich nicht auf deine Stärke und deinen Verstand. Das ist es nicht wert. Lege alles in die Hände des Herrn. Er ist weiser als du es bist.

Du weißt, dass Jesus in dir lebt, deshalb tue in Seinem Namen das, was Er getan hat.

Wahrlich, wahrlich, ich sage euch: Wer an mich glaubt, der wird auch die Werke tun, die ich tue, und wird größere als diese tun, weil ich zum Vater gehe. An jenem Tag werdet ihr erkennen, dass ich in meinem Vater bin und ihr in mir und ich in euch.

Johannes 14:12,20

Wenn du den Namen Jesu anrufst, dann tritt Seine Persönlichkeit hervor. Jesus hat keinen physischen Körper mehr. Er ist Geist. Er benötigt deine Hände, deinen Körper, dein Zuhause.

Einmal hatte ein Prediger eine Vision. Er sah sich selbst, wie er neben Jesus herging. Während sie miteinander redeten, geriet ein kleiner Dämon in ihre Mitte und begann, auf und ab zu springen, aber Jesus redete weiter, so als bemerke Er den Dämon gar nicht. Dieser Dämon störte den Prediger dabei, das zu hören, was Jesus sagte. Der Prediger sagte dann: „Jesus, ein Dämon ist gekommen. Kannst du ihn denn nicht sehen? Treibe ihn aus!" Jesus schenkte den Worten des Predigers keine Aufmerksamkeit, sondern fuhr mit dem Gespräch fort. Der Prediger dachte bei sich: „Sieht Jesus diesen Dämon denn wirklich nicht, stört er Ihn denn nicht beim reden?" Plötzlich erinnerte er sich daran, dass in der Bibel steht, dass wir Dämonen austreiben können, weil Jesus in uns lebt. Als er sich an diesen Abschnitt der Bibel erinnerte, sagte er mit lauter Stimme: „Teufel, im Namen Jesus, verschwinde von hier."

Sobald er diese Worte gesagt hatte, fiel der kleine Dämon herunter und sprang kein einziges Mal mehr in die Höhe. Der kleine Dämon starb.

Der Prediger fragte Jesus, warum Er den Dämon nicht ausgetrieben hatte, und Jesus antwortete ihm, Er hätte nichts tun können, wenn der Prediger den Dämon nicht selbst ausgetrieben hätte. Der verdutzte Prediger sagte: „Warum nicht? Du bist Jesus, du bist Gott, und du kannst alles tun!" Jesus antwortete Ihm: „Genau darum geht es. Als ich auf der Erde war, tat ich es, um euch zu zeigen, wie es geht. Jetzt bin ich im Himmel, aber mein Geist ist in euch, und ihr müsst es in meinem Namen tun. Nur dann kann ich wirken und meine Kraft freigesetzt werden."

Die Bibel spricht davon.

Und Jesus trat zu ihnen und redete mit ihnen und sprach: Mir ist alle Macht gegeben im Himmel und auf Erden.

Matthäus 28:18

Jesus gab uns diese Vollmacht. Er sagte: „Gebiete in meinem Namen, lege in meinem Namen den Kranken die Hände auf, tue in meinem Namen das, was ich getan habe." Wenn du Probleme hast, erzähle Jesus davon. Er ist immer an deiner Seite.

Und wenn dich die ganze Welt nicht versteht, wenn du ganz allein bist, Jesus ist immer an deiner Seite. Er wird dich nie verlassen.

Denke daran, dass Jesus in dir lebt. Du bist stark im Herrn. Du musst die Autorität gebrauchen, die dir von Jesus gegeben wurde. Es ist an der Zeit, dass du beginnst, das zu tun, worum Jesus dich gebeten hat.

Der Jesus, den du nie gekannt hast, ist der Jesus, der sagt, dass Er in dir lebt, und dass auch du all das tun kannst, was Er getan hat.

Der Jesus, den du nie gekannt hast, ist der Jesus, der weiterhin alles das tut, was Er immer getan hat, durch Menschen, die Ihn kennen.

Und siehe, zwei von ihnen gingen an diesem Tag nach einem Dorf mit Namen Emmaus, sechzig Stadien von Jerusalem entfernt. Und sie unterhielten sich miteinander über dies alles, was sich zugetragen hatte. Und es geschah, während sie sich unterhielten und miteinander überlegten, dass sich Jesus selbst nahte und mit ihnen ging; aber ihre Augen wurden gehalten, so dass sie ihn nicht erkannten.

Lukas 24:13-16

Stelle dir einmal vor, wie die Jünger die Straße entlang liefen und von Jesus redeten, ohne zu wissen, dass Er mit ihnen ging. Sie sahen Ihn nicht. So ist es oft auch bei uns. Auch wir vergessen, dass Jesus immer an unserer Seite ist.

Mögen dir im Namen Jesu die Augen geöffnet werden, damit du jeden Tag deines Lebens an Seiner Seite gehen, mit ihm reden, Ihn kennenlernen und Seine Werke tun kannst.

Kapitel 9

Glaube an Jesus

Glaubt mir, dass ich in dem Vater bin und der Vater in mir ist; wenn aber nicht, so glaubt um der Werke selbst willen!

Johannes 14:11

Das Ziel im Leben eines jedes Gläubigen ist nicht einfach nur, ein rechtschaffenes Leben zu führen. Unser Ziel ist es, Jesus kennenzulernen und an Ihn zu glauben. Christen müssen Jesus glauben, so wie Er möchte, dass wir Ihm glauben. Es ist möglich, Christ zu sein und Jesus nicht zu kennen. Es ist möglich, etwas von Jesus zu empfangen und Ihn trotzdem nicht zu kennen.

Es ist möglich, von Jesus gerettet zu sein und Ihn noch immer nicht zu kennen. Das ist die Tragödie unserer Zeit.

Philippus spricht zu ihm: Herr, zeige uns den Vater, und es genügt uns. Jesus spricht zu ihm: So lange Zeit bin ich bei euch, und du hast mich nicht erkannt, Philippus? Wer mich gesehen hat, hat den Vater gesehen. Und wie sagst du: Zeige uns den Vater? Glaubst du nicht, dass ich in dem Vater bin und der Vater in mir ist? Die Worte, die ich zu euch rede, rede ich nicht von mir selbst; der Vater aber, der in mir bleibt, tut seine Werke. Glaubt mir, dass ich in dem Vater bin und der Vater in mir ist; wenn aber nicht, so glaubt um der Werke selbst willen!

Wahrlich, wahrlich, ich sage euch: Wer an mich glaubt, der wird auch die Werke tun, die ich tue, und wird größere als diese tun, weil ich zum Vater gehe. Und was ihr bitten werdet in meinem Namen, das werde ich tun, damit der Vater verherrlicht werde im Sohn. Wenn ihr mich etwas bitten werdet in meinem Namen, so werde ich es tun

Johannes 14:8-14

Stell dir vor, dass Philippus mit Jesus lebte, an Seiner Seite ging, mit Ihm redete, Ihn aber dennoch nicht kannte. Einige bedauern es, dass sie nicht zur Zeit Jesu gelebt und mit Ihm geredet haben.

Jesus, der in den Tagen der Bibel lebte, ist ganz real derselbe Jesus, der gerade jetzt an unserer Seite ist. Aber leider sahen Ihn die Menschen, die in Seinen Tagen lebten, die mit Ihm waren, nicht wirklich, genauso wie du Ihn heute nicht siehst. Jesus ist von den Toten auferstanden, deshalb feiern wir Ostern. Wenn Er auferstanden ist, dann bedeutet das, dass Er lebendig ist. Und Er sagt, dass Er dich nie verlassen wird. Wir können heute mit Jesus leben, so wie Philippus damals mit Jesus lebte. Wir können Jesus sehen und dieselbe Beziehung zu Ihm haben wie die Menschen, die während Seines irdischen Lebens bei Ihm waren. Das ist aber nur möglich, wenn du das glauben kannst, was Er in Seinem Wort sagt, und wenn du Ihn wirklich kennen willst.

Der Apostel Paulus war Pharisäer, Er war ein sehr gebildeter Mensch, aber Er gab alles auf, was Er hatte: Sein Geschäft, Seinen Wohlstand…. Alles um Jesu Willen und um Ihn kennenzulernen.

dem Eifer nach ein Verfolger der Gemeinde; der Gerechtigkeit nach, die im Gesetz ist, untadelig geworden.

Aber was auch immer mir Gewinn war, das habe ich um Christi willen für Verlust gehalten; ja wirklich, ich halte auch alles für Verlust um der unübertrefflichen Größe der Erkenntnis Christi Jesu, meines Herrn, willen, um dessentwillen ich alles eingebüßt habe und es für Dreck halte, damit ich Christus gewinne…

Philipper 3:6-8

Paulus ist Jesus persönlich begegnet. Er nahm Ihn an und wurde errettet. Sein Lebensziel war es, Jesus kennenzulernen, Seine Kraft und Seine Auferstehung. An Jesus glauben und Ihn zu kennen sind zwei verschiedene Dinge.

Philippus, der drei Jahre lang mit Jesus Christus lebte, kannte Jesus nicht, und er kannte auch Seine Lehren nicht.

Philippus spricht zu ihm: Herr, zeige uns den Vater, und es genügt uns.

Johannes 14:8

Wir sind heute genauso. Zuerst wollen wir Wunder sehen, Visionen haben, Prophetien hören, und erst dann werden wir Jesus glauben. Philippus bat Jesus, ihnen den Vater zu zeigen, damit sie glauben können.

Jesus spricht zu ihm: So lange Zeit bin ich bei euch, und du hast mich nicht erkannt, Philippus? Wer mich gesehen hat, hat den Vater gesehen. Und wie sagst du: Zeige uns den Vater?

Johannes 14:9

Als Jesus auf dieser Erde lebte, war es unmöglich, den Vater zu sehen. Der Vater war im Himmel und Jesus war mit Seinem Geist auf der Erde.

In der Bibel heißt es, dass niemand jemals den Vater gesehen hat, nur Sein eingeborener Sohn, der im Schoß des Vaters ist.

Jesus kam, um den Vater zu offenbaren. Deshalb sagte Jesus: „Wer mich sieht, sieht den Vater", weil Jesus im Vater ist. Aus diesem Grund gab Er Philippus diese Antwort. Weil Philippus nach all dieser Zeit den Vater nicht in Ihm sah, hieße also, dass er auch Jesus nicht gesehen und Ihn nicht gekannt hatte.

Wovon spricht Er also?

Jesus sagte nicht zu Philippus, dass dieser den Vater nicht kennt. Er sagte ganz allgemein, dass Philippus Ihn nicht kennt, aber du musst verstehen, dass Philippus den Vater in Jesus hätte sehen sollen.

Jesus ist auch heute noch lebendig. Sein Geist ist hier bei uns. Auf dieselbe Weise, wie Jesus den Vater offenbart hat, müssen wir Jesus dieser Welt offenbaren, denn Er lebt in uns.

Einmal sprach ich mit einer jungen Frau. Sie sagte, ihre Mutter sei gestorben und sie lebe allein mit ihrem Kind. Sie wollte heiraten, weil sie sich sehr einsam fühlte. Sie war Christin und glaubte an Jesus, der immer an ihrer Seite war, aber leider sah sie Ihn nicht.

Als Jesus auf dieser Erde lebte, war der Vater immer bei Ihm. Deshalb sagte Er: „Wer mich sieht, sieht den Vater." Jesus war immer bei dieser jungen Frau, aber sie sah Ihn nicht, so klagte sie über Einsamkeit.

Jesus spricht zu ihm: So lange Zeit bin ich bei euch, und du hast mich nicht erkannt, Philippus? Wer mich gesehen hat, hat den Vater gesehen. Und wie sagst du: Zeige uns den Vater?

Johannes 14:9

Wie lange ist Jesus schon bei dir? Jesus ist seit dem Tag deiner Erlösung bei dir. Ganz egal wo du bist und was du gerade machst, Jesus ist an deiner Seite. Er ist immer an deiner Seite, weil Er Geist ist. Wenn Jesus sagte, dass Er im Vater ist und der Vater in Ihm, dann heißt das, dass es auch so ist. Wenn Menschen Jesus sehen, bedeutet das, dass sie den Vater sehen können. Heute ist es genau dasselbe: Jesus möchte, dass die Menschen Ihn in jedem gläubigen Christen sehen können.

Wenn du schon zu Jesus gekommen bist, dann ist Er immer an deiner Seite. Der Gerechte wird aus dem Glauben leben. Stelle dir deshalb im Glauben, mit deinen geistlichen Augen, Jesus an deiner Seite vor.

Einmal forderte Gott mich auf, mir meinen Schatten anzusehen: Ich sah hin, sah aber nichts. Darauf sagte Er zu mir, dass mein Schatten immer bei mir ist, auch dann, wenn ich ihn nicht sehen kann. Ich sah ihn dann auch. Du weißt, dass dein Schatten immer an deiner Seite ist, auch wenn du ihn nicht immer siehst. Stelle dich aber ins Licht, dann wirst du ihn sofort sehen. Genauso wie dich dein Schatten niemals verlassen wird, so wird auch Jesus immer an deiner Seite sein.

Er wartet nur darauf, dass du beginnst, mit Ihm zu kommunizieren. Schließe deine Augen und stelle dir vor, dass Jesus Christus vor dir steht. Liebe Ihn, umarme Ihn, sprich mit Ihm und stärke dich in Seiner Gegenwart und Kraft. Das wird dein Leben stärken. Das wird dir Kraft verleihen.

Wenn Schwierigkeiten aller Art in meinem Leben auftauchen, dann versuche ich, meinen Blick auf Jesus zu richten, der immer mit mir ist und mich niemals verlässt. Wenn mir nach Weinen zumute ist, dann umarme ich Ihn und lege meinen Kopf an Seine Schulter. Ich bin immer mit Jesus verbunden.

Die Apostel sagten, dass sie mit Jesus vorangegangen sind und mit Ihm gelebt haben. Der Geist Jesu war mit ihnen. Sie hatten Gemeinschaft mit Ihm. Sie liebten Ihn und fanden Kraft und Stärke in Ihm. Er möchte, dass wir den Vater in Ihm sehen. Er kam, um den Vater zu offenbaren. Das war Sein Auftrag. Wenn du Jesus angenommen hast, aber nicht beständig mit Ihm lebst, sondern nur manchmal, und bestimmte Dinge tust, Traditionen folgst…. Dann ignorierst du Ihn, und dein Auftrag wird unerfüllt bleiben.

Es gibt viele Prediger, die Jesus nicht kennen. Sie stellen sich einfach nicht vor, dass Jesus vor ihnen steht. Sie nutzen nur die guten christlichen Konzepte.

Deshalb verstehen Menschen den christlichen Glauben oft nicht. Deshalb haben manche Menschen Depressionen, obwohl sie Christen sind. Deshalb sind es manche Menschen leid geworden, ein rechtschaffenes Leben zu führen. Wenn du aber weißt, dass Jesus in dir lebt, dann musst du nicht kämpfen, um ein rechtschaffenes Leben zu führen. Er ist das Leben, das du heute lebst. Er lebt Sein Leben in dir. Er gibt dir die Kraft, dies auszuleben. Es liegt tiefe Weisheit darin, Jesus kennenzulernen und an Ihn zu glauben.

Jesus spricht zu ihm: So lange Zeit bin ich bei euch, und du hast mich nicht erkannt, Philippus? Wer mich gesehen hat, hat den Vater gesehen. Und wie sagst du: Zeige uns den Vater? Glaubst du nicht, dass ich in dem Vater bin und der Vater in mir ist? Die Worte, die ich zu euch rede, rede ich nicht von mir selbst; der Vater aber, der in mir bleibt, tut seine Werke.

Johannes 14:9.10

„**Glaubst du nicht**…?" fragte Jesus. Er kam, um uns zu lehren. Und wir müssen wissen, dass der Geist Jesu heute mit uns ist, genauso wie der Geist des Vaters mit Ihm war als er hier auf der Erde lebte.

Vielleicht wissen die Menschen um dich herum das nicht, aber Jesus wusste es, weil Er mit dem Vater ging. Er sprach immer über den Vater, während sich die Werke des Vaters durch Ihn offenbarten.

Deshalb wirkt Jesus heute durch uns. Wenn du dir bewusst bist, dass Jesus an deiner Seite ist, dann erlaubst du Ihm, durch dich zu wirken.

Glaubst du nicht, dass ich in dem Vater bin und der Vater in mir ist? Die Worte, die ich zu euch rede, rede ich nicht von mir selbst; der Vater aber, der in mir bleibt, tut seine Werke.

Johannes 14:10

Jesus erklärte, dass das, was ER sagte, nicht Seine Worte waren, sondern dass der Vater durch Ihn redete. Es waren nicht Seine Wunder, die Er tat, sondern es war der Vater, der diese Wunder durch Ihn tat, denn der Vater war in Ihm. Weil Jesus in dir ist, erlaube Ihm, durch dich zu reden und Seine Wunder durch dich zu tun. Gib Ihm deinen Geist. Es ist z. B. schwierig für dich, ein rechtschaffenes Leben zu führen, aber Jesus ist in dir, und Er lebte ein rechtschaffenes Leben, Er wird auch dir helfen, so zu leben.

Jesus von Nazareth, wie Gott ihn mit Heiligem Geist und mit Kraft gesalbt hat, der umherging und wohltat und alle heilte, die von dem Teufel überwältigt waren, denn Gott war mit ihm.

Apostelgeschichte 10:38

Die Tatsache, dass Gott immer bei Jesus war, wurde uns erst nach einer gewissen Zeit offenbart. Aber Jesus wusste es. Dank der Tatsache, dass Jesus immer wusste, dass der Vater stets mit Ihm war, war er davon überzeugt, dass Gott durch Ihn jedes Wunder tun konnte. Auf die gleiche Weise hat Gott dich mit dem Heiligen

Geist und mit Seiner Vollmacht gesalbt. Und du musst die guten Werke tun. Du musst gute Werke tun und jene heilen, die Heilung brauchen, weil Gott immer mit dir ist, genauso wie Er immer bei Jesus war. Öffne deine geistlichen Augen und stelle dir vor, dass Jesus bei dir ist. Lass es zu deinem Lebensstil werden, das Wort Gottes zu predigen, und Jesus wird Sein Wort mit Zeichen und Wundern bestätigen.

Kein Mensch hat jemals Gott, den Vater, gesehen, aber Jesus offenbarte Ihn. Es ist heute genau dasselbe, die Welt kann Jesus nicht sehen, wir müssen Ihn offenbaren. Wie können wir Ihn offenbaren? Wir können Ihn nur offenbaren, wenn wir das wissen, was Jesus weiß. Jesus wusste, dass der Vater mit Ihm ist. Genauso müssen wir verstehen und glauben, dass Jesus mit uns ist.

Und es reicht nicht nur, Ihm zu glauben, du musst Ihn auch mit deinen geistlichen Augen sehen und jeden Tag Gemeinschaft mit Ihm haben. Wenn du betest, dann bete nicht einfach nur für eine oder zwei Stunden, sondern bete in dem Bewusstsein, dass Jesus an deiner Seite ist. Nur dann wird Gott deine Gebete erhören. Jesus möchte, dass wir glauben, was Er sagt, und Er möchte, dass wir an Ihn glauben. Deshalb sagte Er, dass nur die, die an Ihn glauben, die Werke tun werden, die Er getan hat.

Wenn du an Ihn glaubst und dir der Tatsache bewusst bist, dass Er an deiner Seite ist, wird es dir nicht schwer fallen zu beten, wie z. B. für die Heilung von Krebs. Du wirst dann wissen, dass es Jesus ist, der diese Werke durch dich tut.

Du musst ständig die Gegenwart Jesu Christi spüren. Du kannst Seine Gegenwart am meisten während Lobpreis- und Anbetungszeiten erfahren.

In diesen Zeiten kann es so weit kommen, dass man Jesus sehen oder Ihn bewusst erfahren kann. Wenn wir Gott loben, sehen wir Ihn vor uns und geben Ihm alle Ehre.

Apostel Paulus sagte:

ich bin mit Christus gekreuzigt, und nicht mehr lebe ich, sondern Christus lebt in mir; was ich aber jetzt im Fleisch lebe, lebe ich im Glauben, und zwar im Glauben an den Sohn Gottes, der mich geliebt und sich selbst für mich hingegeben hat

Galater 2:20

Paulus kannte Jesus und erkannte diese Wahrheit an. Paulus stellte sich an zweite Stelle hinter Gott. So müssen wir Jesus kennen, Ihn mehr kennen als wir uns selbst kennen. Es ist an der Zeit, dass wir uns selbst an zweite und Gott an die erste Stelle in unserem Leben setzen. Du trittst zurück an die zweite Stelle, und Jesus, der in dir lebt, rückt vor an die erste Stelle, dann wird Er sich um all deine Probleme kümmern. Glaube an Jesus und Er wird dich durchs Leben leiten.

Glaubt mir, dass ich in dem Vater bin und der Vater in mir ist; wenn aber nicht, so glaubt um der Werke selbst willen! Wahrlich, wahrlich, ich sage euch: Wer an mich glaubt, der wird auch die Werke tun, die ich tue, und wird größere als diese tun, weil ich zum Vater gehe.

Johannes 14:11,12

Denke immer daran und glaube an Jesus. Er ist immer an deiner Seite. Habe beständig Gemeinschaft mit Ihm. Baue an deiner persönlichen Beziehung zu Ihm.

Und was ihr bitten werdet in meinem Namen, das werde ich tun, damit der Vater verherrlicht werde im Sohn. Wenn ihr mich etwas bitten werdet in meinem Namen, so werde ich es tun.

Johannes 14:13,14

Jesus ist mit uns, und Er wird alles tun, um das wir den Vater in Seinem Namen bitten. Also müssen du und ich die drei Punkte beachten, die uns bei unserer täglichen Begegnung mit Jesus helfen werden.

Erstens. Jesus sagte, dass Er immer bei uns ist, sogar bis an das Ende der Welt.

Glaubst du Jesus? Wenn er gesagt hat, dass Er immer bei uns sein wird bis an das Ende der Welt, dann heißt es, dass es so sein wird. Und wenn Er in dir lebt, dann wirst du der Zukunft mutig entgegentreten und sie so auch leben.

Jeden Tag musst du Jesus an deiner Seite sehen. So wie du deinen Schatten siehst, so kannst du dir auch Jesus an deiner Seite vorstellen. Das wird dir helfen, im Leben voranzugehen.

Zweitens. Es ist notwendig, dass wir Jesus jeden Tag in Seinem Wort sehen. Im Johannes-Evangelium heißt es, dass das Wort Fleisch wurde.

Im Anfang war das Wort, und das Wort war bei Gott, und das Wort war Gott.

Und das Wort wurde Fleisch und wohnte unter uns, und wir haben seine Herrlichkeit angeschaut, eine Herrlichkeit als eines Eingeborenen vom Vater, voller Gnade und Wahrheit. -

Johannes 1:1,14

Das Wort wurde Fleisch. Das Wort wurde zu einem Menschen namens Jesus. Jesus ging umher und predigte. Und man kann Jesus im Wort Gottes kennenlernen. Deshalb lese ich so gern die Evangelien. Wenn ich die Evangelien lese, dann stelle ich mir vor, wie Jesus zu mir spricht, nicht zu den Israeliten oder Palästinensern. Er spricht zu mir und Er lehrt mich. Das Wort wurde Fleisch, deshalb musst du in diesen Worten Jesus sehen, nicht nur die gedruckten Buchstaben, und Seine Stimme hören. Stelle dir einfach vor, wie Jesus direkt zu dir spricht. Er ist immer an deiner Seite.

Drittens. Wir müssen Jesus in anderen Christen sehen.

Siehe, ich stehe an der Tür und klopfe an; wenn jemand meine Stimme hört und die Tür öffnet, zu dem werde ich hineingehen und mit ihm essen und er mit mir.

Offenbarung 3:20

Wenn du Jesus dein Herz geöffnet hast, dann ist Er genau jetzt in dir. Wenn auch andere Menschen Jesus ihr Herz öffnen, dann ist Jesus auch in einem jeden von ihnen. Deshalb musst du Jesus selbst in ihnen sehen und nicht den eigentlichen Menschen. Vielleicht magst du jemanden in deiner Gemeinde nicht, und du überlegst, warum ein solcher Mensch in deine Gemeinde kommt. Die Antwort ist sehr einfach; Gott hat ihn oder sie in deine Gemeinde gestellt, um dich zu verändern. Wenn du glaubst, dass du dich nicht ändern musst, dann irrst du dich. Wenn du jemanden nicht magst oder wenn dich jemand ärgert, dann bedeutet das, dass du noch immer Veränderung bedarfst. Du musst verstehen, dass Jesus in jeder dieser Personen lebt. Und wenn du in diesem Bereich erst Jesus ähnlich geworden bist, wird sie, er oder eine Gruppe von Personen dich nicht länger ärgern. Dann wirst du verstehen, dass etwas sehr Gutes mit dir geschehen ist. Deshalb ist es wichtig, dass wir Jesus in anderen Menschen sehen.

Kapitel 10

Jesu Tod in unserem Leib

> *...um ihn und die Kraft seiner Auferstehung und die Gemeinschaft seiner Leiden zu erkennen, indem ich seinem Tod gleich werde,*
>
> Philipper 3:10

Lasst uns unsere Aufmerksamkeit den Worten widmen „**um ihn zu erkennen**".

Sie wurden vom Apostel Paulus geschrieben. Bevor er Christ geworden war, war Paulus Pharisäer und ein hochangesehener Mann in der Gesellschaft gewesen.

Mit dem heutigen Standard verglichen, war er ein Dr. des Rechtswesens.

Zu jener Zeit waren die Pharisäer die auserwählten Menschen unter den Juden, die das Gesetz achteten und befolgten. Die Pharisäer waren die sichtbaren Verfolger Jesu Christi. Sie waren es, die Ihm in grausamer Weise Vorwürfe machten.

Paulus war ein wichtiger Mann, und das Oberhaupt der Gruppe, die Kirchen schloss und Christen verfolgte.

Aber eines Tages wurde ihm bewusst, dass dieser Jesus, den er verfolgte, der wahre Gott ist. Das Christentum, das er verfolgte, stellte sich als die Religion heraus, die den Menschen die Erlösung bringt.

Das Judentum, das er sein Leben lang bekannt hatte, lenkte ihn nur zu Christus. Als er das verstanden hatte, erfuhr er Erlösung. Später war das Ziel seines Glaubens, Jesu Wissen und die Kraft Seiner Auferstehung zu erlangen.

> *Aber was auch immer mir Gewinn war, das habe ich um Christi willen für Verlust gehalten; wirklich, ich halte auch alles für Verlust um der unübertrefflichen Größe der Erkenntnis Christi Jesu, meines Herrn, willen, um dessentwillen ich alles eingebüßt habe und es für Dreck halte, damit ich Christus gewinne und in ihm gefunden werde - indem ich nicht meine Gerechtigkeit habe, die aus dem Gesetz ist, sondern die durch den Glauben an Christus, die Gerechtigkeit aus Gott aufgrund des Glaubens -, um ihn und die Kraft seiner Auferstehung und die Gemeinschaft seiner Leiden zu erkennen, indem ich seinem Tod gleich werde,*

Philipper 3:7-10

„**um ihn zu erkennen**…" Dafür wollte er auf alles andere verzichten. Deshalb sah er andere Dinge als Verlust und Verschwendung an. Was er für Gewinn hielt, betrachtete er als Verlust für Christus.

Nur sehr wenige von uns können eine solche Entscheidung treffen. Wir kommen in die Gemeinde und sagen, dass wir nicht jubeln können, springen, tanzen und klatschen, weil wir meinen, dann wie Kinder auszusehen. Wir halten uns für zu groß und wichtig, um so etwas zu tun. Lasst uns dem Beispiel des Paulus folgen, und das unübertreffliche Wissen Jesu als wichtiger betrachten als alles, was wir haben.

Für uns ist das Wissen Christi eine Offenbarung. Und wir müssen Gott dankbar sein, dass wir die Möglichkeit haben, Jesus zu kennen und Ihm erlauben, unser Leben zu verändern. Unser Glauben muss so stark sein wie der des Paulus, so dass wir das Wissen Christi allem anderen vorziehen, dass wir so mutig sein werden wie Paulus und unser Leben dem Erwerb des Wissens Christi widmen.

Das bedeutet ganz und gar nicht, dass wir aufhören sollen zu arbeiten oder unseren Geschäften nachzugehen und nur zu Hause bleiben und beten sollen. Es bedeutet, dass wir bereit sein sollen, dem Herrn alles zu geben, um Ihm zu gefallen. Das heißt, dass unsere Entscheidung, dem Herrn zu dienen, so stark sein muss, dass uns nichts davon abbringen kann, an Ihn zu glauben und in die Gemeinde zu gehen. Deshalb sollte unsere Entscheidung vom ersten Moment an so fest sein wie die des Paulus. Sage zum Herrn: „Herr, weil du mir die Gelegenheit gegeben hast, dich zu kennen, werde ich mein Bestes geben, um dich so tiefgründig wie nur möglich kennenzulernen."

Tue alles, um Ihn und die Kraft Seiner Auferstehung kennenzulernen. Wir müssen die Kraft kennen, die uns umgewandelt und verändert und von einem Sünder zu einem rechtschaffenen Menschen gemacht hat.

Strebe danach, Ihn jeden Tag besser kennenzulernen. Höre dir jeden Tag Predigt-CD's an, schaue dir christliche Videos an, lies christliche Bücher und studiere die Bibel. Tue dein Bestes, um Ihn und die Kraft Seiner Auferstehung kennenzulernen. Ohne das Wissen um Seine Kraft ist das Christentum tot. Ohne diese Kraft wird das Christentum zu nichts als nur zu Ritualen und Traditionen.

Paulus wollte Jesus kennenlernen. Er wollte die Kraft Seiner Auferstehung kennenlernen. Außerdem wollte er auch „**die Gemeinschaft seiner Leiden erkennen**" und daran teilhaben.

Oft lesen wir diesen Abschnitt der Bibel, aber wir bemerken diese Worte nicht: **Gemeinschaft seiner Leiden**. Und wenn wir diese Worte aufnehmen, dann verstehen wir sie meistens so: Paulus hatte dieses Verlangen, weil er Christen verfolgt hatte.

Lasst uns für einen Moment nachdenken. Kannst du dir vorstellen, durch welche Leiden Jesus gegangen ist, um uns von der ewigen Hölle zu erlösen? Paulus möchte an den Leiden Jesu teilhaben. Und nicht nur an den Leiden, sondern an Seinem Tod – „indem ich Seinem Tod gleich werde." Paulus hatte keine Angst vor dem Tod.

So sollten auch wir an den Leiden und am Tod Jesu Christi teilhaben. Je intensiver wir Jesus kennenlernen, desto mehr sehen wir die Notwendigkeit, an Seinen Leiden teilzuhaben.

Es ist unmöglich, Jesus kennenzulernen, ohne Seine Leiden zu kennen, ohne „Seinem Tod gleich zu werden." Das heißt, dass wir Jesus nicht ganz und gar kennenlernen können, ohne den Weg zu gehen, den Er gegangen ist.

Wir können Jesus nicht kennenlernen, wenn wir nicht das erfahren, was Er erfahren hat. Natürlich kann niemand das gleiche durchmachen wie Jesus, wir können es aber zumindest zu einem Teil erfahren.

Du kannst Jesus nicht kennenlernen, wenn du nicht das erfährst, was Er erfahren hat. Du kannst einen Menschen nicht kennenlernen, wenn du ihm nicht folgst, wenn du nicht das tust, was er getan hat.

Jesus lernte, im Leiden gehorsam zu sein. Er wollte dem Willen des Vaters gehorsam sein. Was war dann der Wille Gottes für Ihn? Für die Menschen dieser Welt zu sterben.

Das ist es, was Jesus durch Sein Leiden tun musste. Leider können die meisten Christen heute nicht einmal mehr mit der geringsten Unannehmlichkeit umgehen, von größeren Schwierigkeiten und Problemen ganz zu schweigen. Es ist unmöglich, unsere üblichen Schwierigkeiten, unsere zeitlichen Probleme mit dem Leiden zu vergleichen, das Jesus um unseretwegen erdulden musste.

Wir sollten erlitten haben, was Er für uns erlitten hat. Du siehst, wir waren Sünder, aber Er war es nicht. Er ist für dich und mich durch diese Leiden gegangen. Du solltest das immer bedenken. Jede Prüfung, durch die du gerade gehen magst, ist nichts im Vergleich zu dem, was Jesus für uns erlitten hat.

Und natürlich hat uns Jesus vor der Hölle gerettet. Wir hätten durch ewiges Leid gehen müssen. Aber Jesus ist um unseretwegen in die Hölle gegangen, damit wir nie hineingehen müssen.

Aus diesem Grund sagt uns Jesus, dass wir jeder Prüfung mit Freude entgegentreten sollen. Es ist unmöglich, Jesus und Seine Kraft kennenzulernen, wenn wir nicht durch das gehen, wodurch Jesus gegangen ist. Wir müssen bereit sein, um Jesu Willen durch eine jede Prüfung zu gehen. Nur wenn wir das getan haben, können wir Ihn und die Kraft Seiner Auferstehung kennenlernen.

Das Leben als Christ ist nicht nur rosig, sondern auch ein Anteilnehmen am Leiden Jesu. Deshalb sagt Jesus, dass wir nicht nur nach der Kraft Gottes trachten sollen, sondern zuerst nach Gottes Reich und Seiner Gerechtigkeit.

Trachtet aber zuerst nach dem Reich Gottes und nach seine Gerechtigkeit! Und dies alles wird euch hinzugefügt werden.

Matthäus 6:33

Du solltest zuerst nach der Gerechtigkeit des Reiches Gottes trachten, nicht nach deinem eigenen Willen. Du kannst dich nicht um dich selbst sorgen, wenn Jesus für dich gestorben ist. Deshalb steht geschrieben, dass es notwendig ist, nach Gottes Reich und Seiner Gerechtigkeit zu trachten. Wir müssen die richtigen Prioritäten setzen.

Zuallererst musst du zu Gott kommen, um Jesus kennenzulernen. Wir müssen den Menschen kennenlernen, der für uns gestorben ist, den Einen, der Sein Leben für uns gegeben und Sein Blut vergossen hat, um uns zu reinigen. Sei fest dazu entschlossen, Ihn und die Kraft Seiner Auferstehung kennenzulernen, damit du darin wandeln kannst. Wenn du, um in Seiner Kraft zu wandeln, durch vorübergehende Leiden gehen musst, dann gehe hindurch.

Als man Jesu Jünger, den Aposteln, nach dem Leben trachtete, als sie geschlagen und verspottet wurden, da frohlockten sie, weil sie wussten, dass sie um Jesu Willen durch all das hindurchgingen.

Und als sie die Apostel herbeigerufen hatten, schlugen sie sie und geboten ihnen, nicht im Namen Jesu zu reden, und entließen sie. Sie nun gingen aus dem Hohen Rat fort, voller Freude, dass sie gewürdigt worden waren, für den Namen Schmach zu leiden; und sie hörten nicht auf, jeden Tag im Tempel und in den Häusern zu lehren und Jesus als den Christus zu verkündigen.

Apostelgeschichte 5:40,41

Die Apostel wurden vor das Gericht berufen und in der Öffentlichkeit geschlagen, weil sie das Evangelium Jesu Christi gepredigt hatten. Sie litten um Jesu Willen, weshalb das Evangelium auch uns in der heutigen Zeit erreichen konnte. Demzufolge wurden alle Apostel Christi, bis auf einen, getötet, weil sie den Menschen Seine Lehre gebracht hatten. Sie lehnten Jesus oder Seine Lehre nicht ab, sondern sie gaben mit Freude um Jesu Willen ihr Leben hin.

Wir können Jesus nicht kennen, ohne an Seinem Leiden teilzuhaben.

In allem sind wir bedrängt, aber nicht erdrückt; keinen Ausweg sehend, aber nicht ohne Ausweg; verfolgt, aber nicht verlassen; niedergeworfen, aber nicht vernichtet; allezeit das Sterben Jesu am Leib umhertragend, damit auch das Leben Jesu an unserem Leibe offenbar werde. Denn ständig werden wir, die Lebenden, dem Tod überliefert um Jesu willen, damit auch das Leben Jesu an unserem sterblichen Fleisch offenbar werde.

Korinther 4:8-11

Dies sind überwältigende Worte. Viele Christen erleiden heute Unterdrückung und Verfolgung. In gewissem Maße haben auch wir das in unserer Gemeinde gespürt. Der Vorteil der Christen ist jedoch, dass sie zwar unterdrückt und verfolgt, aber nicht in ihrem Geist niedergeschlagen werden. In sehr schwierigen Situationen werden sie nicht entmutigt, sondern tun weiterhin das Wichtigste, nämlich das Evangelium Jesu zu lehren. Das zieht uns näher zu Jesus. Das führt dazu, dass Gott mehr Menschen retten kann. Gott öffnet überall Türen, damit das Evangelium gepredigt werden kann. Jede Schwierigkeit und jedes Leiden für Jesus bringt das Reich Gottes näher und ermöglicht es, dass immer mehr Menschen dieser Welt das Evangelium hören können, so dass immer mehr Menschen gerettet werden. Die Apostel sahen es als eine Ehre an, für Jesus zu leiden.

allezeit das Sterben Jesu am Leib umhertragend, damit auch das Leben Jesu an unserem Leibe offenbar werde.

2.Korinther 4:10

Wir geben uns immer wieder in Jesu Tod hinein, damit sich Jesu Leben in unserem Körper manifestieren kann.

Wir tragen den Tod Jesu in unserem Leib, nicht nur durch das Leiden. Jedes Mal, wenn du möchtest, dass sich das Leben Jesu durch dich offenbart, wirst du ganz bestimmt mit der sündigen Welt und anderen Meinungen der Öffentlichkeit konfrontiert werden.

Das könnte z. B. passieren, wenn dir am Arbeitsplatz ein alkoholisches Getränk angeboten wird oder du eingeladen wirst, dein Monatseinkommen für Vergnügungen auszugeben, du das aber ablehnst und dabei erklärst, dass du Christ bist und Christen diese Dinge nicht tun. Die anderen werden dann beginnen, dich zu verspotten und Dinge zu sagen, die nicht nett sind. Dieser Spott ist Jesu Tod in dir. Um Jesu Willen, damit du Seine Herrlichkeit offenbaren kannst, wirst du das Ziel von Spott und Verletzungen werden. Das zeigt den Tod Jesu, den Tod Jesu in deinem Leib. Das zeigt, dass wir immer den Tod Jesu in unserem Leib tragen. Und wenn du wegen deines Glaubens verspottet wirst, sei nicht ermutigt, sondern freue dich. Freue dich, dass du auf diese Weise an den Leiden und am Tod Jesu teilhaben kannst.

Denn ständig werden wir, die Lebenden, dem Tod überliefert um Jesu willen, damit auch das Leben Jesu an unserem sterblichen Fleisch offenbar werde.

2.Korinther 4:11

Diese Art zu leben war für Paulus ganz normal. Er hatte keine Angst vor Problemen. Er schämte sich nicht, um Jesu Willen zu leiden. Und so sollten auch du und ich Verfolgung und Schwierigkeiten mit Freude ansehen.

Das Schlimmste, das der Teufel tun kann, ist unserem Fleisch zu schaden.

Erinnere dich an die Geschichte in der Bibel, als der Teufel zu Gott kam, um Hiob zu verletzen. Gott sagte zu ihm, dass er tun könne, was immer er will, um Hiob physisch zu schaden. Er konnte ihm alles Materielle wegnehmen, das ihm gehörte, all seinen Wohlstand, sogar sein Fleisch anrühren, aber er, der Teufel, hatte kein Recht auf sein Leben. Das war deshalb so, weil das Leben Hiobs in Jesus Christus und Gott verborgen lag.

Es ist nur unser Fleisch, das leidet, unser Geist wird nicht angerührt, unser Geist wächst in solchen Zeiten in Gott.

In Zukunft mache mir keiner Mühe! Denn ich trage die Malzeichen Jesu an meinem Leib.

Galater 6:17

Paulus trug die Malzeichen des Herrn Jesu und schämte sich derer nicht. Er wusste, dass Jesus für Ihn ans Kreuz gegangen und den Tod erlitten hatte. Jesus wurde zum Sünder, so dass Paulus ein gerechter Mensch werden konnte. Aus diesem Grund betrachtete Paulus es als eine Ehre, für Jesus zu leiden, deshalb sagte er einem jeden, dass er die Malzeichen des Herrn Jesu an sich trage.

Er betrachtete sie als Zeichen Jesu, die immer an seinem Körper waren. Paulus sagte, dass man in die Irre geführt werden kann mit weltlichen und sündigen Dingen.

So wie Paulus sollten auch wir sein. Wir müssen uns mit Jesus identifizieren und bedenken, dass alles das, was wir heute haben, das Ergebnis dessen ist, das Jesus für uns getan hat. Wir sollten daher für Jesus leben, und um seinetwillen alles ertragen.

und lernte, obwohl er Sohn war, an dem, was er litt, den Gehorsam;

Hebräer 5:8

Jesus ist der Sohn Gottes. Obwohl Er der Sohn Gottes ist, lernte er durch Leiden gehorsam zu sein. Wenn Jesus durch Leiden lernte, gehorsam zu sein, müssen wir das umso mehr lernen. Aus diesem Grund müssen wir lernen, gefasst durch Schwierigkeiten, Probleme und Leid zu gehen und uns nicht selbst zu bemitleiden. Jesus erfüllte den Willen des Vaters, als Er ans Kreuz ging. Er durchlitt diese Leiden und Qualen. Er war dem Vater gehorsam. So müssen auch wir lernen, Gott zu gehorchen und Ihm im Leid gehorsam zu sein.

Manchmal möchte unser Fleisch etwas unbedingt, obwohl wir wissen, dass es schlecht für einen Christen ist, und wir demütigen unser Fleisch. Das ist so unbequem und schmerzhaft, dass wir darunter leiden. Wir demütigen uns, denn sonst fallen wir in Sünde. Wenn wir ein solches Leid überwinden, lernen wir gehorsam zu sein.

Während des zweiten Weltkrieges wollten Soldaten, die Christen waren, die Faschisten nicht töten. Deshalb wurden die christlichen Soldaten ins Gefängnis gesperrt, als Verräter des Vaterlandes betrachtet und zum Tode durch ein Erschießungskommando verurteilt. Kurz vor ihrer Erschießung wurde ihnen die Chance gegeben zu leben, wenn sie sich von Jesus lossagen. Jeder von ihnen sagte sich von Jesus los, um sein Leben zu retten, nur einer nicht. Alle, die sich von Jesus losgesagt hatten, wurden erschossen, und der eine, der im Angesicht des Todes standhaft geblieben war, wurde von Jesus gerettet. Sein unerschütterlicher Glaube hatte ihn gerettet. Er war bereit, das Leiden für Jesus zu ertragen, deshalb hat Gott sein Leben gerettet. Auch wir müssen lernen, stark und mutig zu sein, um Leid zu ertragen. Dann wird Gott uns immer zu Hilfe kommen.

Entscheide dich, Jesus kennenzulernen, lerne Ihn kennen, ohne dir Gedanken zu machen, was dir auf deinem Weg mit Ihm begegnen könnte.

Da nun Christus im Fleisch gelitten hat, so wappnet auch ihr euch mit derselben Gesinnung - denn wer im Fleisch gelitten hat, hat mit der Sünde abgeschlossen - um die im Fleisch noch übrige Zeit nicht mehr den Begierden der Menschen, sondern dem Willen Gottes zu leben.

Petrus 4:1,2

Paulus sagte, dass er sein Fleisch jeden Tag kreuzigt.

Er wusste, dass Sein Sieg über die Sünde umso größer sein würde, wenn sein Fleisch wenig Einfluss auf ihn hat.

Geliebte, lasst euch durch das Feuer der Verfolgung unter euch, das euch zur Prüfung geschieht, nicht befremden, als begegne euch etwas Fremdes

Petrus 4:12

Wir sollten die Prüfungen, die uns der Herr auf unserem Weg begegnen lässt, nicht als etwas Fremdes betrachten. Wir müssen sie annehmen als seien sie normale Ereignisse in unserem Leben.

sondern freut euch, insoweit ihr der Leiden des Christus teilhaftig seid, damit ihr euch auch in der Offenbarung seiner Herrlichkeit jubelnd freut!

Petrus 4:13

Am Leiden Christi teilzuhaben ist eine Freude für uns. Wir müssen mit Freude unseren Teil dazu beitragen, Seine Herrlichkeit zu offenbaren.

Wenn ihr im Namen Christi geschmäht werdet, glückselig seid ihr! Denn der Geist der Herrlichkeit und Gottes ruht auf euch.

Petrus 4:14

Du bist gesegnet, wenn man dich beleidigt oder verfolgt um den Namens Jesu Willen.

Denn niemand von euch leide als Mörder oder Dieb oder Übeltäter oder als einer, der sich in fremde Sachen mischt

Petrus 4:15

Wenn es dir bestimmt ist zu leiden, dann leide um Jesu Namen Willen, nicht als Folge von weltlichen und sündigen Dingen.

...wenn er aber als Christ leidet, schäme er sich nicht, sondern verherrliche Gott in diesem Namen!

Petrus 4:16

Oft denken Christen, dass Christsein bedeute, auf Rosen gebettet zu sein. Nichts Lohnenswertes geschieht aber jemals ohne mühsame Arbeit und Leiden.

Wir müssen vieles überwinden, besonders dann, wenn wir Jesus Christus predigen. Natürlich hat Jesus für uns gelitten. Weil Er also so sehr für uns gelitten hat, sollten auch wir umso mehr alles ertragen, was uns auf unserem Weg begegnet. Auf diese Weise verwandelt Jesus unseren Charakter. Das kann mit der Herstellung von Fruchtsaft verglichen werden. Um Fruchtsaft herzustellen, müssen die Früchte zerstampft und ausgepresst werden. Auf dieselbe Weise müssen auch wir durch Leid und Bedrängnisse gehen, um Saft in uns zu haben, von dem wir anderen zu trinken geben können. Sonst kann es in uns keinen Saft geben.

Gott möchte viele gute Dinge durch uns erreichen, deshalb sind der Schmerz, die Bedrängnisse und das Leid, durch das wir gehen, zu unserem eigenen Besten.

All das kann uns formen, damit wir zu Seinen Gefäßen werden.

Denn ich denke, dass die Leiden der jetzigen Zeit nicht ins Gewicht fallen gegenüber der zukünftigen Herrlichkeit, die an uns offenbart werden soll

Römer 8:18

Die Leiden der jetzigen Zeit fallen nicht ins Gewicht verglichen mit der Herrlichkeit, die vor uns liegt. Wenn das Fleisch für Jesus leidet, dann manifestiert sich Sein Tod in unserem Fleisch.

Wir müssen Jesus und die Kraft Seiner Auferstehung kennen, an Seinem Leiden teilhaben und durch Seinen Tod verwandelt werden.

Denke aber daran, dass Gott keine Prüfungen oder Leiden zulassen wird, die über unser Vermögen gehen. Denn wir wissen, dass denen die Gott lieben und die nach Seinem Vorsatz berufen sind, alle Dinge zum Guten mitwirken.

Wenn dir also auf deinem Weg, Christus kennenzulernen und mit Ihm zu wandeln, Schwierigkeiten begegnen, dann sei dir bewusst, dass Gott eine neue Ebene der Erkenntnis in Ihn für dich bereitet hat. Denke daran, dass Christus sich erst durch dich offenbaren wird, wenn du Ihn kennenlernst. Und damit du die Kraft Seiner Auferstehung kennenlernen kannst, musst du zu allererst und vor allem anderen Ihn kennenlernen.

Jesus Christus muss in dir zunehmen und du musst abnehmen. Wir sind dazu berufen, Christus und Gott, den Vater, in unserem Fleisch zu manifestieren, ganz genauso wie Jesus in Seinem Fleisch den Vater manifestiert hat.

Unser großer Bruder, der erstgeborene unter den Brüdern, zeigte uns durch Sein Leben, wie unser Leben auf der Erde sein sollte. Deshalb sind wir nett und freundlich, deshalb sind wir höflich und barmherzig. Das erklärt unsere Freundlichkeit und unsere Demut in Christus, die durch uns fließt, und dass wir tot und mit Ihm begraben sind.

ANHANG

Wenn du Jesus Christus noch nicht als deinen Herrn und Erlöser angenommen hast, lade ich dich ein, dich gerade jetzt im Gebet für Ihn zu öffnen.

Gott wird dir wahre Freude, Frieden und Glück geben. Nur Gott kann alle deine Fragen beantworten. Er ist der einzige, der deine Probleme lösen kann. Wahre Freude bedeutet, mit Gott zu leben und an Ihn zu glauben.

Gott liebt dich und Er wartet auf dich. Er braucht dich.

Das Gebet des Sünders

Himmlischer Vater! Ich komme im Gebet zu dir und bekenne dir all meine Sünden. Ich glaube deinem Wort. Ich glaube, dass du jeden annimmst, der zu dir kommt. Herr, vergib mir all meine Sünden, sei mir gnädig.

Ich will nicht mehr länger so weiterleben. Ich möchte dir gehören, Jesus! Komme in mein Herz und reinige mich. Sei mein Helfer und mein Retter. Führe mich.

Ich erkenne dich, Jesus Christus, als meinen Herrn an. Ich danke dir, dass du mein Gebet gehört hast und ich nehme meine Erlösung durch den Glauben an. Ich danke dir, mein Erlöser, dass du mich so wie ich bin angenommen hast.

Amen

Wenn du dieses Gebet ernsthaft gebetet hast, hat Gott dich erhört und dir all deine Sünden vergeben. Gott ist jetzt dein Vater und Jesus ist dein Freund. Lese das Wort, lebe mit Gott und bete.

Der Heilige Geist ist die dritte Person der göttlichen Dreieinigkeit. Er ist derjenige, den Gott gesandt hat, um bei Seinen Kindern zu sein. Der Heilige Geist überführt uns, wenn wir etwas Falsches tun. Er leitet uns zurück auf den richtigen Weg. Sehr oft betrüben wir Ihn. Wenn wir in schwierige Situationen geraten und nicht sicher sind, was falsch und was richtig ist, dann hilft Er uns, solange wir mit Ihm in Einklang sind, die Situation mit Gottes Augen zu sehen. Der Heilige Geist wird dich lehren, zwischen wahrer und falscher Lehre zu unterscheiden. Er wird dir auch helfen, eine Gemeinde zu finden, in der Jesus Christus verherrlicht wird.

Das Gebet um die Taufe im Heiligen Geist

Nun bin ich wiedergeboren, ich bin Christ, ein Kind des allmächtigen Gottes. Ich bin gerettet! Herr, du hast in deinem Wort gesagt:

Wenn nun ihr, die ihr böse seid, euren Kindern gute Gaben zu geben wisst, wie viel mehr wird der Vater, der vom Himmel gibt, den Heiligen Geist geben denen, die ihn bitten!

Lukas 11:13

Ich flehe dich an, Herr, erfülle mich mit dem Heiligen Geist. Heiliger Geist, erhebe dich in mir, wenn ich dich lobe. Ich glaube auch, dass ich in einer unbekannten Sprache sprechen werde.

Amen.

Pastor Sunday Adelaja und die Embassy of God

Pastor Sunday ist der Gründer und leitende Pastor der „Embassy of the Blessed Kingdom of God for all Nations" (Botschaft des gesegneten Königreich Gottes für alle Nationen) in Kiev, Ukraine. Er ist ein junger Leiter mit einer starken Vision. Der gebürtige Nigerianer besitzt eine apostolische Gabe und setzt diese für die Kirche des 21. Jahrhunderts ein. Schon jetzt in seinen Dreißigern hat er bewiesen, dass er einer der dynamischsten Verkündiger und Gemeindegründer dieser Welt ist. Er gilt als einer der jüngsten und erfolgreichsten Pastoren unserer Zeit und wird als einer der begabtesten Lehrer des Wortes Gottes angesehen.

In ungewöhnlicher Weise praktiziert er die Gaben Gottes, vor allem das Wort der Erkenntnis.

Seine Lehre und sein Einsatz dieser Gaben haben in nicht geringem Maße zu dem gewaltigen Wachstum seiner Gemeinde beigetragen.

Diese Gemeinde, die sich in einer einst unerreichten Gegend in Osteuropa befindet, zählt über 16.000 Mitglieder und hat bereits über 770 Tochtergemeinden sowohl in der früheren Sowjetunion als auch in mehr als 30 anderen Ländern der Welt, wie z. B. den Vereinigten Arabischen Emiraten, den USA, der Niederlande, Deutschland und Indien ins Leben gerufen.

Obwohl Pastor Sunday in Afrika geboren wurde, hat Gott ihm die Fähigkeit gegeben, allen Menschen zu dienen, egal welcher Rasse, Kultur oder Denomination sie angehören.

Seine Kirche in Kiev besteht zu über 90 % aus Europäern, wozu Russen, Ukrainer und andere Nationalitäten gehören. Weil das persönliche Wachstum jedes einzelnen so lebenswichtig für das Fundament der Gemeinde ist, ist die Hälfte der Gemeindemitglieder in freiwilligen Diensten involviert, dazu zählen auch die über 2000 Hauskreise.

(Stand April 2014)

Während der ersten zehn Jahre dieses Dienstes haben über eine Million Menschen ihr Leben Jesus Christus als ihrem persönlichen Herrn und Erretter übergeben.

Über den Einfluss, den Pastor Sunday in den Bereichen Gemeindewachstum, Gebet und Evangelisation hat, berichteten auch das Charisma-Magazin sowie andere christliche und säkulare Zeitschriften. Über das Fernsehen und Radio erreicht die Gemeinde wöchentlich etwa acht Millionen Menschen in der Ukraine und weitere Millionen durch wöchentliche TBN-Sendungen in Europa, Russland und Afrika. Auch war Pastor Sunday einer der Hauptsprecher beim „Global Pastors Network" (weltweites Pastoren-Netzwerk), das vom inzwischen verstorbenen Dr. Bill Bright ins Leben gerufen worden war. Die Gemeinde betreibt außerdem die „Stephania Soup Kitchen" (Suppenküche), die täglich 2000 Menschen mit Essen versorgt und durch Straßeneinsätze hunderte von bedürftigen und elternlosen Straßenkindern mit dem Evangelium erreicht.

Gott hat auch das „Love Rehabilitation Center" (Zentrum für die Rehabilitation der Liebe) gebraucht, um das Leben von mehr als 3000 Drogen- und Alkoholabhängigen zu berühren und sie von den Fesseln der Sucht zu befreien.

Um dieses Wirken Gottes in der ganzen Ukraine und anderen Ländern bekannt zu machen, hat Pastor Sunday mehr als 60 Bücher geschrieben und veröffentlicht, auch wurden tausende seiner Predigten aufgenommen und verbreitet. Er veranstaltet jährliche Pastoren- und Leiterschaftsseminare, an denen über 7000 Pastoren und Gemeindeleiter regelmäßig teilnehmen, und wo es um das Thema „Ohne Tränen Pastor sein" geht.

Er ist leidenschaftlich darum bemüht, diese Pastoren und Leiter mit der Kraft und dem Feuer zu entzünden, das sie brauchen, um ihre Städte und Länder zu verwandeln.

Heute geht der apostolische Dienst Pastor Sundays auch weit über die Grenzen der Ukraine hinaus, so dass er zu einem beliebten Sprecher und Lehrer für Pastoren in vielen Nationen der Erde geworden ist. Bisher hat er schon über 30 Länder besucht.

Pastor Sunday ist glücklich verheiratet mit seiner „Prinzessin" Bose, und sie sind mit drei Kindern gesegnet – Perez, Zoe und Pearl.

Botschaft Gottes
Internationale Trainingsschuhe für Leiter, Deutschland

Pastor Dr. Omotoye Olutope

Postfach 200153, 63468 Maintal

Tel. +49 69 86003618; Mail historymakers@goooglemail.com

www.godembassy.org - www.itl-godembassy.de

Der Weg zur Freiheit

Pastor Natalia Potopaeva

Geschäfts- und Beratungsstelle

Mellenseestr. 2; 15838 Am Mellensee

Telefon: 03377 / 3389866 ezerfolg@googlemail.com

Internationaler Einfluss

Reinhard Bonnke

Benjamin Netanyahu

T D Jakes

Ariel Sharon

T.L.OSBORN

WESLEY CLARK

CHRIS TUCKER

John C. Maxwell

MEL GIBSON

KENNETH HAGIN

Peter C. Wagner

WEITERE BÜCHER

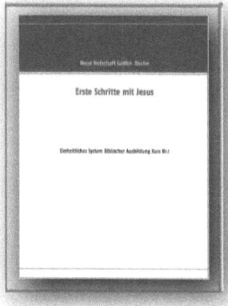

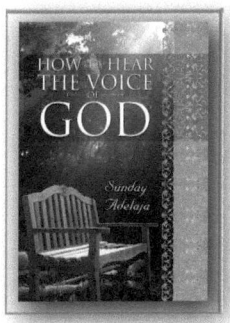

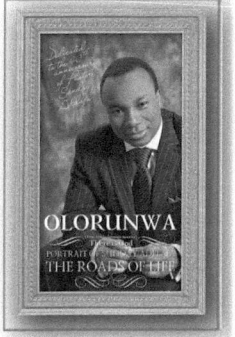

WWW.GODEMBASSY.COM

Dr. Sunday Adelaja

Der Weg zu wahrer Größe